Martha Wegan

EHE
SCHEIDUNG

Martha Wegan

EHE SCHEIDUNG

Auswege mit der Kirche

Verlag Styria

Con approvazione ecclesiastica, Roma 5 gennaio 1982
(Mit kirchlicher Druckerlaubnis
des Vikariates der Stadt Rom, 5. Jänner 1982)

CIP-Kurztitelaufnahme der Deutschen Bibliothek

Wegan, Martha:
Ehescheidung – Auswege mit der Kirche /
Martha Wegan. –
Graz, Wien, Köln: Verlag Styria, 1982.
ISBN 3-222-11395-5

1982 Verlag Styria Graz Wien Köln

Printed in Austria
Umschlaggestaltung: Christoph Albrecht
Gesamtherstellung:
Druck- und Verlagshaus Styria, Graz
ISBN 3-222-11395-5

Inhalt

Vorwort 9
Einleitung 10

ERSTER TEIL:
DIE KIRCHLICH NICHTIGE EHE 15
Willensmängel 16
1. Scheinehe (Totalsimulation) 16
2. Furcht und Zwang 22
2.1 Ehrfurchtszwang 25
2.2 Indirekter Zwang 26
3. Ausschluß der Nachkommenschaft 28
4. Ausschluß der Nachkommenschaft auf Zeit . . 33
5. Ausschluß der ehelichen Treue 36
6. Ausschluß der Unauflöslichkeit der Ehe . . 41
7. Ausschluß des Rechtes auf Lebensgemeinschaft 45
8. Personenirrtum 46
9. Irrtum über die Eigenschaft einer Person . . 47
10. Irrtum über die Einheit, Unauflöslichkeit und Sakramentalität der Ehe 51
11. Unwissenheit 58
12. Eheschließung unter Bedingung 61
13. Ehevertragsunfähigkeit 73
13.1 Amentia habitualis 74
13.1.1 Schizophrenie 74
13.1.2 Paranoia (Wahnsinn) 77
13.1.3 Manisch-depressives Irresein 78
13.1.4 Chronischer Alkoholismus 79

13.1.5 Chronische Gifteinwirkung (Intoxikationen) 80
13.1.6 Paralysis generalis progressiva 81
13.1.7 Schwachsinn (Oligophrenia, Phrenasthenia) 82
13.2 Amentia actualis. 83
13.3 Schwerer Mangel des Urteilsvermögens . . 84
13.3.1 Charakteranomalien 87
13.3.2 Psychopathien 87
13.3.3 Neuropathien. 91
13.3.4 Psychosen 98
13.4 Innerer Zwang 98
13.5 Psychische Unreife 101
14. Eheführungsunfähigkeit 102
14.1 Unfähigkeit zur Leistung des Rechts auf die eheliche Lebensgemeinschaft 105
14.2 Unfähigkeit, den ehelichen Akt zu leisten 107
14.3 Unfähigkeit, eine unauflösliche Ehe zu schließen. 108
14.4 Unfähigkeit, die eheliche Treue zu halten 109

Die Ehehindernisse 112
1. Geschlechtliches Unvermögen 113
2. Mangel des erforderlichen Alters 120
3. Bestehendes Eheband 121
4. Religionsverschiedenheit 121
5. Höhere Weihen 122
6. Feierliche Gelübde 122
7. Entführung 122
8. Verbrechen 123
9. Blutsverwandtschaft 124
10. Schwägerschaft 125
11. Öffentliche Ehrbarkeit. 126
12. Geistliche Verwandtschaft 126
13. Gesetzliche Verwandtschaft 126
14. Dispens von Ehehindernissen 127

Die mangelnde Eheschließungsform 136
Das kirchliche Ehenichtigkeitsverfahren 143
1. Zuständigkeit des Gerichts 143
2. Abfassen der Klageschrift. 144
3. Natur des kirchlichen Eheprozesses 144
4. Ernennung des Gerichtshofes 145
5. Streiteinlassung 146
6. Beweisverfahren 147
7. Verteidigung der Parteien. 148
8. Urteil 149
9. Berufung 149
10. Berufungsverfahren 150
11. Das Verfahren an der S. R. Rota 151
12. Nichtigkeitsbeschwerde 152
13. Das abgekürzte Ehenichtigkeitsverfahren. . . . 152

ZWEITER TEIL:
AUFLÖSUNG DER EHE DURCH PÄPSTLICHE DISPENS 153
Dispens einer nichtvollzogenen Ehe. 154
1. Beispiel 154
2. Das Inkonsummationsverfahren 157
2.1 Das bischöfliche Untersuchungsverfahren . . 158
2.2 Das römische Überprüfungsverfahren. 159

Die Auflösung der nicht-sakramentalen Ehe nach dem Paulinischen Privileg 161
1. Beispiel 162
2. Die päpstlichen Sonderregelungen 163
3. Verfahrensfragen 164

Dispens einer nicht-sakramentalen Ehe zugunsten des Glaubens 165
1. Beispiel 166
2. Verfahrensfragen 169

Anhang 171
A. Ansprache Papst Johannes Pauls II. am 26. Oktober 1980 während der Schlußfeier der 5. Bischofssynode (Auszug) 171
B. Dekret der Glaubenskongregation über die Impotenz als trennendes Ehehindernis vom 13. Mai 1977 172
C. Deutscher Text des Motu proprio „Causas matrimoniales" vom 28. März 1971 173
D. Deutscher Text der Verfahrensregeln im Inkonsummationsprozeß (hgg. von der Sakramentenkongregation am 7. März 1972) 180
E. Deutscher Text der Normen bei Eheauflösung zugunsten des Glaubens (hgg. von der Glaubenskongregation am 6. Dezember 1973) 192
F. Verfahrensrechtliche Bestimmungen über die Vornahme eines Prozesses der Ehelösung zugunsten des Glaubens (deutscher Text) 195

Literaturauswahl 200
I. Kirchliche Dokumente 200
II. Lehrbücher des Kirchenrechts 201
III. Literaturverzeichnis 202
IV. Die Urteile der Sacra Romana Rota 206

Wohin wendet man sich? 208
Abkürzungen 211

Vorwort

Das vorliegende Buch will dem interessierten Leser eine Hilfe bieten, das kirchliche Eheverfahren kennenzulernen. Es wendet sich an alle, die über die wichtigsten Ehenichtigkeits- und Dispensgründe informiert sein wollen. Vor allem an junge Leute, Brautleute, an Eheleute, die glücklich oder unglücklich verheiratet sind, an alle Geschiedenen, die gerne wieder heiraten möchten oder bereits in einer neuen zivilen Ehe leben; an Rechtsanwälte und Erzieher sowie an die Seelsorger selbst, die oft wegen Überbeanspruchung im geistlichen Beruf weder Zeit noch Gelegenheit haben, in die kirchliche Ehegerichtsbarkeit Einblick zu nehmen. Es will anhand von Beispielen Einblick in Ehen gewähren, die die Kirche wegen Vorliegens eines Ehehindernisses, eines Formfehlers oder eines Mangels an ehelichem Willen für nicht zustande gekommen betrachtet und daher auch nichtig erklären kann.

Es gibt keine kirchliche Ehescheidung! Die Kirche hält an der absoluten Unauflöslichkeit einer gültig geschlossenen Ehe fest. Eine staatliche oder kirchliche oder nur privat vollzogene Trennung der Ehegatten sowie auch die zivile Scheidung der Ehe lassen das Eheband aufrecht. Getrennte oder geschiedene Eheleute sind vor Gott und der Kirche weiterhin verheiratet. Sie sind nicht berechtigt, nochmals kirchlich zu heiraten. Eine eventuell vor dem Staat geschlossene Zweit- oder Drittehe ist kirchlich unerheblich und wirft ernste seelsorgliche Probleme auf.

Einleitung

Die Zuständigkeit der Kirche in Ehesachen beruht auf der Sakramentalität der Ehe. Das Konzil von Trient hat die Ehe unter die sieben Sakramente eingereiht, deren Verwaltung und gesetzliche Regelung Christus der Kirche übertragen hat.

Die Kirche kann jedoch nicht willkürlich oder nur nach dem positiven, menschlichen Recht handeln, wenn sie die Zuständigkeit der Ehen aller Getauften für sich in Anspruch nimmt. Sie ist vielmehr an das göttliche Recht gebunden, das positiv in der Hl. Schrift festgehalten ist und sich im Naturrecht ausdrückt.

Die Aufgabe der Kirche besteht gerade darin, das göttliche Recht richtig auszulegen und gegen Irrtümer zu verteidigen.

So können auch das kirchliche Ehenichtigkeitsverfahren und das päpstliche Dispenswesen an der Unauflöslichkeit der Ehe nicht vorbeigehen. Die Unauflöslichkeit jeder gültig geschlossenen Ehe ist bereits in der Hl. Schrift verankert (vgl. 1 Kor 7,10–11; Lk 16,18; Mt 5,32; 19,1–9; Mk 10,1–12; Röm 7,2–4) und wurde durch die Tradition und das kirchliche Lehramt immer wieder betont. Auch die Pastorale Konstitution über die Kirche in der Welt von heute »Gaudium et spes« hält an der Unauflöslichkeit der Ehe fest.

Es ist das Anliegen des Buches, dem interessierten Leser alle pastoralen Möglichkeiten aufzuzeigen, die den einzelnen Gläubigen offenstehen und deren sich die Kirche, trotz unbedingten Festhaltens an der Unauflöslichkeit der Ehe, bedient, um den in einer ungeordneten Verbindung lebenden Menschen wieder Zutritt zum sakramentalen Leben der Kirche zu gewähren.

Im *ersten Teil* wird die Ehenichtigkeit behandelt. Sie läßt sich ohne Schwierigkeit mit der Unauflöslichkeit der Ehe verbinden. Denn die Ehenichtigkeitsgründe, ob es sich nun um einen Willensmangel, einen Formfehler oder ein trennendes Ehehindernis handelt, lösen niemals eine bereits bestehende Ehe auf, sondern lassen diese gar nicht zustande kommen. Eine von der Kirche für »nichtig« oder »ungültig« erklärte Ehe wurde vor Gott nie geschlossen. Die Kirche stellt lediglich die Nichtigkeit der Ehe fest. Auch das Vorhandensein von Kindern ändert nichts an der Ungültigkeit der Ehe. Die Kinder bleiben legitim, die Ehe ist aber nicht erst seit dem Zeitpunkt der Ungültigkeitserklärung nichtig, sondern hat nie bestanden. Der Ausspruch der Nichtigkeit erstreckt sich auf den Tag der Eheschließung.

Im *zweiten Teil* wird das päpstliche Dispensverfahren erläutert. Der fundamentale Unterschied zwischen Ehenichtigkeit und Auflösung der Ehe durch päpstliche Dispens besteht darin, daß die Eheleute bei tatsächlichem Vorliegen eines Ehenichtigkeitsgrundes ein Recht auf ein kirchliches Urteil haben, das die Gültigkeit oder Ungültigkeit ihrer Ehe ausspricht. Trotz Vorliegens eines oder sogar mehrerer Dispensgründe haben die Eheleute jedoch keinen Anspruch auf die tatsächliche Gewährung der Dispens, denn die Dispenserteilung ist ein reiner Gnadenakt der Kirche. Diese Gnade kann der Hl. Vater als Stellvertreter Christi kraft seiner ihm von Christus verliehenen Binde- und Lösegewalt in Einzelfällen gewähren, aber auch versagen. Eine Ehe wird daher niemals aufgelöst, wenn kein Grund dafür vorhanden ist oder wenn die Dispenserteilung Verwunderung unter den Gläubigen hervorrufen würde.

Auch das päpstliche Dispensverfahren hält an der absoluten Unauflöslichkeit der Ehe durch die Eheleute fest. Keine Ehe, mag sie auch von Nicht-Katholiken, von Nicht-Christen oder Heiden geschlossen sein, ist »von innen heraus« auflösbar. Die Eheleute haben kein Recht, wann und wie immer, ihre eigene Ehe aufzulösen. Dies kann nur »von außen«, durch den Hl. Vater, geschehen, und zwar dann, wenn bestimmte Voraussetzungen gegeben sind.

Man unterscheidet drei verschiedene Dispensverfahren, die seit dem 12. Jahrhundert durch das ständig zunehmende theologische Verständnis des Ehesakraments von der Kirche immer deutlicher umschrieben und angewandt werden:

1. Die päpstliche Dispens einer unter Getauften gültig geschlossenen, aber nicht vollzogenen Ehe (matrimonium ratum et non consummatum).

Die von Getauften geschlossene und vollzogene Ehe läßt das Ehesakrament voll und ganz entstehen und ist daher absolut unauflöslich. Keine menschliche Gewalt, auch nicht die des Hl. Vaters als Stellvertreter Christi, kann eine solche gültig geschlossene und auch vollzogene Ehe auflösen. Sie ist nach göttlichem Recht unauflöslich: denn die Eheleute sind durch den Vollzug der Ehe »nicht mehr zwei, sondern ein Leib. Was also Gott verbunden hat, soll der Mensch nicht trennen« (Mt 19,4–8). Auch der Apostel Paulus lehrt im Epheserbrief: »Deshalb soll der Mann Vater und Mutter verlassen und seinem Weibe anhangen, und die beiden werden ein Leib sein. Dieses Geheimnis ist groß, ich meine, im Hinblick auf Christus und die Kirche« (5,31–32).

Obwohl Jesus Christus bereits den Ehevertrag unter Getauften selbst zum Sakrament erhoben hat und daher jede unter Getauften gültig geschlossene Ehe »eo ipso« ein Sakrament ist, so hat die Kirche bereits seit dem Ende des 11. Jahrhunderts der vollzogenen christlichen Ehe eine mystische Symbolkraft zuerkannt, die mit dem Ehesakrament in Zusammenhang steht, nämlich die der vollen und perfekten Einheit im Hinblick auf die zwischen Christus und seiner Kirche bestehende Einheit.

Diese erhöhte Einheit der christlichen Ehegatten drückt sich nicht in einem glücklichen Eheleben, einer größeren ehelichen Liebe aus – diese möge vielmehr eine Frucht des Ehesakraments sein –, sondern gerade in der Unauflöslichkeit des Bundes, als Abbild des Bundes, den Christus unwiderruflich mit seiner Kirche eingegangen ist.

2. *Die Auflösung einer nicht-sakramentalen Ehe nach dem Paulinischen Privileg.*

Es handelt sich hier um eine unter Heiden geschlossene und auch vollzogene Ehe, die aber kein Sakrament ist. Der Hl. Vater kann diese Ehe kraft seiner Binde- und Lösegewalt auflösen, wenn ein Ehepartner sich taufen läßt und der andere sich weigert, die Ehe mit ihm ohne Beleidigung des Schöpfers fortzusetzen. Das Privilegium Paulinum hat seinen tiefen Sinn in der Bewahrung des Glaubens durch den Neubekehrten. Diese Bewahrung des Glaubens rechtfertigt die Auflösung einer Naturehe. »Denn« – sagt der Apostel Paulus – »wie kannst du wissen, Frau, ob du deinen Mann retten wirst? Oder wie kannst du wissen, Mann, ob du deine Frau retten wirst?« (1 Kor 7,15.)

3. *Die Auflösung einer nicht-sakramentalen Ehe zugunsten des Glaubens.*

Unter Aufrechterhaltung des Prinzips, daß nur die gültig unter Getauften geschlossene und auch vollzogene Ehe absolut unauflöslich ist, wird hier die päpstliche

Dispensgewalt auf Ehen ausgedehnt, bei denen auch nur ein Teil ungetauft ist und sofern bestimmte Voraussetzungen vorliegen, die eine Dispens rechtfertigen.

Im Anschluß an die Kapitel über die Ehenichtigkeitsgründe und die verschiedenen Arten der Eheauflösung durch päpstliche Dispens schließt sich eine kurze Darlegung des Verfahrens an, damit der Leser auch weiß, an welche kirchliche Stelle er sich im Ernstfall wenden kann.

Die Erklärung erfolgt anhand von Beispielen, die größtenteils aus der Praxis genommen sind. Es wurde sowohl das geltende Kirchenrecht wie auch der zukünftige, im Erscheinen begriffene Kodex berücksichtigt, da er bereits in verschiedenen Fachzeitschriften, zumindest im zweiten Entwurf, veröffentlicht ist.

Erster Teil:
Die kirchlich nichtige Ehe

Willensmängel

Die Ehe kommt durch die gegenseitige übereinstimmende Willenserklärung der Brautleute zustande, die Ehe miteinander einzugehen. Dieser eheliche Wille, auch Konsens genannt, kann durch keine menschliche Macht ersetzt werden. Consensus facit nuptias, non concubitus! Der Ehewille, nicht der Beischlaf bewirkt die Ehe. So wird verständlich, warum die Kirche besonderen Wert auf die gültige Abgabe der ehelichen Willenserklärung legt. Mit ihr steht und fällt die Gültigkeit oder Ungültigkeit einer Ehe. Da der eheliche Wille, wie jeder andere Willensakt, sich aus einem Verstandes- und Willensakt zusammensetzt, bewirken alle Mängel, die den Verstand selbst oder nur den Willen betreffen, einen ehelichen Willensmangel.

Unwissenheit, Irrtum, Geisteskrankheit und mangelndes Urteilsvermögen beziehen sich auf den Verstand, während alle Arten der Bedingung, der Simulation, Furcht und Zwang, auch einige Fälle der Ehevertrags- und Eheführungsunfähigkeit unmittelbar den Willen angreifen.

1. SCHEINEHE
(Totalsimulation, simulatio totalis)

Es wird als selbstverständlich vermutet, daß das am Traualtar abgegebene Jawort ernst gemeint ist und der inneren Haltung der Brautleute entspricht. – Der c. 1086 § 2 des alten Rechtes bestimmt jedoch: »Wenn aber einer der Kontrahenten oder beide Teile beim Eheabschluß den positiven Willen haben, keine Ehe einzugehen ... dann ist die so geschlossene Ehe ungültig.«

Dieselbe Bestimmung findet sich auch im neuen Kodex (vgl. Schema c. 1055 § 2).

Eine *Scheinehe* kann auf zwei Arten geschlossen werden: einmal als *Fiktion,* wenn mit der Eheschließung nicht die Ehe selbst, sondern ein anderes Ziel verfolgt wird. Und dann als *echte Scheinehe,* die darin besteht, daß jemand heiratet, ohne wirklich heiraten zu wollen, die Ehe also trotz Heirat positiv ausschließt.

Beispiel einer Fiktion:

Ende des Zweiten Weltkrieges bestand in bestimmten Gebieten für unverheiratete Frauen die Gefahr, nach Sibirien verschleppt zu werden. Um dieser Gefahr zu entrinnen, bat Ilse, die unverheiratet war und in einer Fabrik arbeitete, ihren Arbeitskollegen Erich, ihr einen Rat zu geben. Erich war nicht verliebt in Ilse, aber er machte ihr den Vorschlag, sie zu heiraten, damit sie nicht verschleppt werden würde. Ilse zögerte ein wenig, es kam ihr das alles wie ein Betrug vor. Als die Gefahr aber immer näher kam, willigte sie in Erichs Vorschlag ein. Erich bestärkte sie, es sei ja nur eine Formalität, am Privatleben ändere sich nichts, sie sind gute Freunde und haben auch noch andere Freunde. Als jedoch einige Jahre nach der Trauung Ilse einen anderen Mann kennen- und liebenlernte, den sie gerne heiraten wollte, dachte sie daran, sich von Erich wieder scheiden zu lassen. Es blieb nicht bei der Scheidung, die Ehe wurde auch kirchlich wegen Simulation für nichtig erklärt.

Beweis: Bei der Fiktion muß bewiesen werden, daß einer oder beide Teile im Moment der Heirat mittels positiven Willensaktes die Ehe selbst ausgeschlossen haben, d. h. nicht heiraten wollten, und ein anderes, außerhalb der Ehe liegendes Gut mit der Heirat verfolgten.

Der Beweis gelingt leichter, wenn feststeht, daß beide Partner – wie in unserem Beispiel – vor der Ehe einen Pakt geschlossen hatten, nicht wirklich zu heiraten, sondern ein anderes Ziel mit der Heirat zu verfolgen, nämlich der Verschleppung nach Sibirien zu entkommen.

Auch wenn Erich oder Ilse nur unter der Bedingung geheiratet hätten, die Verschleppung nach Sibirien zu vermeiden, reicht dies zum Beweis der Fiktion aus. Es ist nicht unbedingt notwendig, daß sich die beiden Ehepartner vor der Ehe über die Scheinehe einig waren und einen förmlichen Pakt geschlossen hatten. Es genügt durchaus, daß einer dem anderen mitteilte, nur unter dieser Bedingung zu heiraten, d. h. in Wirklichkeit nicht verheiratet sein zu wollen.

Wenn die Absicht, eine Scheinehe schließen zu wollen, weder durch Pakt noch durch Bedingung zum Ausdruck kommt, sondern als positiver Willensakt im Inneren eines der Partner verborgen bleibt, ist der Beweis der Fiktion schwieriger, aber nicht ausgeschlossen, das zeigt das nächste

Beispiel:

Andreas war ein ehrgeiziger, aber mittelloser Student. Er war sehr begabt, studierte politische Wissenschaften, die Karriere galt ihm alles. Er sah jedoch ein, daß er ohne ein Vermögen, ohne ein Minimum an gesellschaftlichem Erfolg in seiner politischen Karriere nicht weiterkommen würde. So beschloß er, Hildegard, die Tochter eines reichen Industriellen, zu heiraten. Er mochte sie nicht, sie war nicht sein Typ, er wollte nur ihr Geld und ihre guten Beziehungen, und deshalb bemühte er sich um sie. Die Eltern des Mädchens waren recht angetan von dem hoffnungsvollen jungen Studenten und stellten der Heirat nichts in den Weg. Geschickt verstand es Andreas, sich schon vor der Ehe Teilhaberschaften an Firmen als Mitgift auszubitten. Er ließ auch noch vor der Heirat das zukünftig zu bewohnende Haus allein auf seinen Namen schreiben. Nach der Hochzeit war er dann bezüglich finanzieller Forderungen noch schamloser und offener. Als er schließlich über ausreichendes Vermögen verfügte, ging er mit einer anderen Frau durch und ließ sich von Hildegard scheiden. Auch diese Ehe wurde wegen Totalsimulation des Mannes kirchlich für nichtig erklärt.

Beweis: Es muß bewiesen werden, daß Andreas nur Hildegards Reichtum wollte und nur deshalb heiratete, um zu diesem Reichtum zu gelangen, die Ehe selbst aber positiv ausschloß.

Da in diesem Beispiel der positive Ausschlußwille von Andreas nicht in einem förmlichen Pakt mit Hildegard besiegelt wurde und er seinen Willen, nur zum Schein zu heiraten, auch Hildegard vor der Ehe nicht mitteilen konnte, da sie ihn dann höchstwahrscheinlich gar nicht geheiratet hätte, muß das Beweisverfahren entweder auf das Geständnis des Mannes und die bestätigenden Aussagen der Zeugen konzentriert werden oder – wenn auch kein Geständnis vorliegt – auf das Verhalten des Mannes allein. Es darf nicht nur vermutet werden, sondern es muß durch Zeugenaussagen, durch Dokumente – etwa Grundbuchauszüge, Firmenanteile, Aktien, die auf den Namen des Mannes lauten –, durch das Benehmen des Mannes vor und nach der Eheschließung eindeutig erwiesen werden, daß es Andreas bei der Hochzeit nur ums Geld ging und er unter keinen Umständen mit Hildegard verheiratet sein wollte.

Ein sicheres Indiz der Fiktion ist die Tatsache einer kurzen Ehe, das Verhalten des Mannes während der Ehe, als ob er gar nicht verheiratet wäre, und das

Verlassen der Frau, sobald er seine eigentliche, mit der Eheschließung angestrebte Absicht erreicht hat.

Achtung: Die Ehe ist gültig, wenn z. B. Andreas vor der Ehe an Hildegard Gefallen fand und nur bei sich dachte, sie ist reich, um so besser, das kann ich für meine Karriere gut gebrauchen. In diesem Fall schloß Andreas die Ehe nicht positiv aus, sondern er wollte den Reichtum des Mädchens und auch die Ehe. Er schloß keine Scheinehe, denn er wollte heiraten, wenn auch nur sehr vorteilhaft.

Beispiel einer echten Scheinehe:

Hans und Eva galten überall als fixes Paar. Sie studierten beide Germanistik, hatten auch intime Beziehungen aufgenommen, aber ans Heiraten dachte niemand. Vor allem Eva war noch sehr unreif, sie wollte nach dem Studium nach England fahren und sich ein wenig in der Welt umsehen. Da stellte Eva plötzlich fest, daß sie von Hans schwanger sei. Es stürzte eine Welt in ihr zusammen. Hans war etwas ernster veranlagt, er schlug Eva gleich die Hochzeit vor. Eva zögerte, aber auch ihre Eltern waren für die Heirat. Sie wußte sich keinen Rat, an Abtreibung dachte sie nicht, denn davor hatte sie ganz einfach Angst. Aber es wurde ihr auch immer klarer, daß sie nicht heiraten wollte, daß sie Hans eigentlich gar nicht so liebte, um mit ihm ein Leben lang glücklich zu sein. So ließ sie sich treiben, niemand zwang sie direkt zur Heirat, auch Hans nicht, aber sie ließ ihn deutlich merken, daß sie ihn nicht mehr mochte, daß sie die Hochzeit über sich ergehen lassen, nachher aber ihr eigenes Leben führen würde. Hans war traurig, die kirchliche Feier glich eher einem Begräbnis, alle waren ernst, ja besorgt. Die Ehe wurde nie glücklich. Gleich zu Beginn gab es Streit wegen jeder Kleinigkeit. Hans schob allen Ärger auf Evas Schwangerschaft. Als aber das Kind geboren war, ließ Eva es bei ihren Eltern, die es heiß liebten, und machte ihren Traum der Englandreise wahr. Es dauerte nicht lange, bis Eva im Ausland andere Männer kennenlernte. Als Hans einsah, daß er Eva nie mehr zurückgewinnen werde, beantragte er die Nichtigkeitserklärung seiner Ehe wegen Totalsimulation der Frau.

Beweis: Bei der echten Scheinehe muß bewiesen werden – durch Geständnis, durch die Aussage des anderen Ehepartners, durch Zeugen, die von dem positiven Willen des Simulanten, nicht heiraten zu wollen, vor oder kurz nach der Ehe gehört haben –, daß die Ehe nicht gewollt war, nur zum Schein eingegangen wurde. Das Simulationsmotiv (causa simulandi) muß das Heiratsmotiv (causa contrahendi) überwiegen.

In unserem Beispiel war das Heiratsmotiv lediglich die Schwangerschaft von Eva und ein gewisser Zwang von außen, den »Schein zu wahren«, ordnungsgemäß zu heiraten. Das Motiv jedoch, die Ehe positiv auszuschließen, bestand in Evas Abneigung sowohl gegen Hans, den sie nicht mehr liebte, und vor allem gegen eine Eheschließung, der sie sich nicht gewachsen fühlte, da sie sich dazu zu jung vorkam und das kaum begonnene Leben erst einmal richtig genießen wollte.

Auch in diesem Beispiel gelingt der Beweis leichter, wenn Eva ein Geständnis ablegt, wenn Hans von dem vorehelichen Gespräch, daß Eva absolut nicht heiraten wollte, vor Gericht aussagt und wenn vielleicht noch andere Personen da sind, wie Evas Eltern, Freunde oder Freundinnen, Tanten und andere Verwandte, denen sich Eva in noch unverdächtiger Zeit (d. i. eine Zeit, in der noch niemand an ein kirchliches Nichtigkeitsverfahren dachte) anvertraute.

In jedem Beweisverfahren gilt der Satz: »Facta verbis validiora sunt« – nicht sosehr den Worten, sondern den Fakten ist Glauben zu schenken. Danach ist auch in unserem Beispiel nicht sosehr auf die

Parteien- und Zeugenaussagen zu achten, sondern vor allem auf das Benehmen von Eva, der Simulantin. Ihre Lebenslust, ihre Unreife, die plötzliche und völlig unbeabsichtigte Schwangerschaft, ihr Unwille zu heiraten und dann vor allem die kurze Zeit der Ehe, das sofortige Verlassen des Mannes und Kindes, sobald sie die Möglichkeit hatte, ins Ausland zu reisen, sind Indizien, die mehr für eine Scheinehe sprechen, als es bloße Aussagen vermögen.

Achtung: Eine sogenannte *negative* Totalsimulation macht die Ehe nicht ungültig. Wenn also Eva die Ehe nicht positiv willentlich ausgeschlossen hätte und sich nur treiben ließ, ohne recht zu wissen, was sie eigentlich wollte, so wäre die Ehe gültig. Der positive voreheliche Ausschlußwille der Heirat überhaupt muß erwiesen werden.

2. FURCHT UND ZWANG
(vis et metus)

Furcht und Zwang können nicht nur das Motiv einer Scheinehe sein, sondern auch von sich aus die Ehe verungültigen.

Nach c. 1087 § 1 ist »eine Ehe, die unter dem Einfluß von Gewalt eingegangen wird, ungültig«. Unter Gewalt ist jede physische Gewaltanwendung zu verstehen, durch die jemand zur Ehe gezwungen wird. Wenn z. B. der Bräutigam von den Angehörigen der Braut zum Traualtar geschleppt wird und dort sein Jawort nur durch gewaltsam erzwungenes Kopfnicken abgibt, ist die Ehe eindeutig nichtig. Dazu bedarf es keines Kommentars, auch sind diese Fälle äußerst selten und müßten bereits dem trauenden Priester auffallen, der dann von der Trauung abzuraten hat.

Derselbe c. 1087 § 1 setzt fort: »Außerdem ist eine Ehe ungültig, wenn sie geschlossen wird unter dem

Einfluß von Furcht, vorausgesetzt, daß diese sämtliche folgende Eigenschaften hat: a) Es muß eine schwere Furcht vorliegen; b) die Furcht muß von außen eingeflößt sein; c) die Furcht muß ungerechterweise eingeflößt sein; d) die Furcht muß derart sein, daß man, um ihr zu entgehen, gezwungen ist, die Ehe einzugehen.«

Im neuen Kodex fällt nur das Erfordernis der Ungerechtigkeit weg (vgl. Schema c. 1057).

Beispiel:

Anna hatte bereits mit 16 Jahren ein Verhältnis mit Aldo. Sie ging noch zur Schule, und Aldo arbeitete als Mechaniker in einer Autowerkstätte. Meist holte er Anna von der Schule ab und verbrachte mit ihr seine Freizeit. Ans Heiraten dachten beide nicht, bis eines Tages Anna schwanger wurde. Aldo floh daraufhin aus Sizilien nach Deutschland, um der Eheschließung zu entgehen, mit der man nach sizilianischer Landessitte in solchen Fällen rechnen mußte. Annas Eltern verlangten jedoch, daß Aldo seine »Tat« mit der Ehe bezahle. Anna selbst wollte auch nicht heiraten und verteidigte Aldo. Aber die Eltern verfolgten Aldo bis nach Deutschland, drohten mit einer Strafanzeige wegen Verführung einer Minderjährigen und mit Zuchthaus. So zwangen sie Aldo zur Ehe. Aldo gab schließlich nach. Sein Unwille zur Heirat wurde von allen bemerkt. Die Ehe verlief denkbar schlecht. Von Anfang an gab es Streit, gegenseitige Vorwürfe, sogar Tätlichkeiten. Nach sieben Monaten, bald nach der Geburt des Kindes, trennten sich beide einverständlich.

Beweis: Wichtig ist im Furcht-und-Zwang-Prozeß der Beweis der qualifizierten Furcht, die alle vom Gesetz vorgeschriebenen Eigenschaften aufweisen muß. Die Schwere der Furcht wird vor allem subjektiv gemessen. So kann oft eine harmlose Drohung eine subjektiv schwere Furcht in dem Ehewerber erzeugen.

Die Drohung einer Strafanzeige wegen Verführung Minderjähriger ist aber auch objektiv schwer und ungerecht. Denn auch wenn Annas Eltern das Recht zur Strafanzeige hatten, konnten sie Aldo deshalb nicht zur Ehe zwingen. Dies ist ungerecht. Es reicht aus, daß Aldo an die Drohung der Strafanzeige glaubte, auch wenn die Eltern die Anzeige nur als Druckmittel benutzten und in Wahrheit niemals ausgeführt hätten. Die Furcht muß von außen kommen, also tatsächlich von einer Person – Annas Eltern – eingeflößt worden sein und nicht nur der Einbildung des unwilligen Aldo entspringen. Und schließlich muß die Ehe mit Anna für Aldo der einzige Ausweg gewesen sein, um der Furcht vor Anzeige und Kerker zu entkommen.

Achtung: Wenn z. B. Aldo gewußt hätte, daß Annas Eltern in Deutschland die Strafanzeige nicht wirksam durchbringen würden, und er trotzdem auf Grund der Drohungen von Annas Eltern geheiratet hätte, wäre die Ehe gültig. Denn die Eheschließung war nicht der einzige Ausweg, um der Anzeige zu entrinnen. Er hätte auch in Deutschland bleiben können.

Als oberster Grundsatz im Furchtprozeß gilt der Satz: Es gibt keinen Zwang ohne Abneigung! (Coactio sine aversione ne concipitur quidem.) Je größer also die Abneigung gegenüber dem anderen Ehepartner und vor allem gegenüber der Eheschließung mit dem anderen Partner ist, desto mehr Zwang muß angewandt werden, um diese Abneigung zu überwinden. Intimverkehr mit dem anderen Partner, auch die Geburt eines gemeinsamen Kindes schließen an sich die Abneigung gegen eine Eheschließung nicht aus, jedoch muß diese strikt bewiesen werden.

Im Furchtprozeß ist das Beweisverfahren gemildert: Bei einem Mädchen genügt weniger Zwang als bei einem Mann; man glaubt eher einem oder zwei Zeugen, die von Drohungen gehört haben, als mehreren Zeugen, die nichts wissen. Verwandte und enge Bekannte werden als Zeugen bevorzugt, da sich Furchtfälle meist im Inneren der Familie abspielen und kaum nach außen dringen.

2.1 *Ehrfurchtszwang (metus reverentialis)*

Der Ehrfurchtszwang ist eine sehr häufig vorkommende Form des Zwanges. Er liegt dann vor, wenn er von Personen ausgeübt wird, denen man Respekt und Ehrfurcht schuldet, wie z. B. von Eltern Kindern gegenüber oder von Vorgesetzten den Untergebenen gegenüber. Schwerer Ehrfurchtszwang ist immer ungerecht.

Beispiel:

Elisabeth, die einzige Tochter eines reichen Gutsbesitzers, verlobt sich mit dem aus dem Adel stammenden Heinrich, den sie auf einer Tanzveranstaltung kennenlernte. Die Eltern beider jungen Leute waren von der »ebenbürtigen« Bekanntschaft sehr angetan und förderten sie nach Kräften. Elisabeths Vater war herzkrank und deshalb auch in ärztlicher Behandlung. Einige Monate nach der Verlobung lernte Elisabeth einen anderen Mann kennen, der schon berufstätig war, allerdings nicht aus dem Adel stammte. Elisabeth ließ das Verhältnis zu Heinrich etwas abkühlen, und als dieser den Hochzeitstermin vorschlug, versuchte sie den Termin so weit als möglich hinauszuschieben. Sie besprach sich mit ihrer Mutter, erklärte ihr, daß sie Heinrich nicht mehr liebe, sondern Franz, den sie kürzlich kennengelernt hatte. Trotz Verständnis für die Tochter war die Mutter äußerst besorgt und meinte, das könne man dem Vater unmöglich sagen. Er wünsche sich Heinrich so sehr als Schwiegersohn, eine Aufregung würde seinem Herzleiden schaden, könnte auch den Tod bedeuten. Aus Angst, an Vaters Tod schuld zu sein, willigte Elisabeth in die Ehe mit

Heinrich ein. Es war für sie eine unerträgliche Ehe. Erst nach Jahren, als die Kinder schon zur Schule gingen, erfuhr sie von einer möglichen Ehenichtigkeitserklärung, bedauerte aber zugleich, für eine neue Ehe schon zu alt zu sein. Auch Franz hatte inzwischen eine andere geheiratet.

Beweis: Es kann vorkommen, daß eine einzige Drohung ausreicht, um eine qualifizierte Furcht zu erzeugen. Der Befehl der Mutter, Heinrich zu heiraten, um den herzkranken Vater nicht aufzuregen, kann in Elisabeth einen Ehrfurchtszwang erzeugen, der umso größer ist, je inniger das Ehrfurchtsverhältnis zum Vater war. Diese Furcht war für Elisabeth zumindest subjektiv schwer, von außen (der Mutter) ungerecht eingeflößt und die Eheschließung der einzige Ausweg, der Furcht zu entkommen.

Achtung: Wenn Elisabeths Mutter die Tochter nur beraten hätte, ihr nur ihre Bedenken nahegelegt hätte, ob es bei dem Gesundheitszustand des Vaters wohl richtig wäre, Heinrich nicht zu heiraten, dann wäre die Ehe gültig, also wenn Elisabeth, angeregt vielleicht durch die Bedenken der Mutter, aus eigenem Antrieb, eigenem Verantwortungsbewußtsein, ja aus Opferbereitschaft dem Vater gegenüber auf Franz verzichtete und Heinrich, mit dem sie schon verlobt war, geheiratet hätte. Bedenken konnte die Mutter äußern, zwingen durfte sie nicht. Ein Ehrfurchtszwang in Elisabeths Fall ist also nur dann gegeben, wenn die Mutter die Krankheit des Vaters ausnutzte und als Vorwand nahm, um die Tochter zur Ehe mit Heinrich zu zwingen.

2.2 *Indirekter Zwang (metus indirectus)*

Der indirekte Zwang macht die Ehe bereits nach der Rechtsprechung der S. R. Rota ungültig, auch wenn er im geltenden Gesetzbuch nicht ausdrücklich, sondern erst im neuen Kodex erwähnt wird (vgl. Schema c. 1057). – Es handelt sich um eine Furcht, die nicht in der Absicht, die Ehe zu erzwingen, eingeflößt wurde, der man aber nur durch die Eheschließung entkommen kann.

Beispiel:

Herta wuchs in einer ärmlichen Familie auf. Der Vater betrank sich ständig, schlug seine Frau und quälte auch Herta. Während des Krieges flüchtete Herta mit ihrer Mutter zu einer benachbarten Familie. Nach Beendigung des Krieges kehrten beide wieder zurück. Entgegen allen Hoffnungen wurde das Leben mit dem Vater noch unerträglicher als vor dem Krieg. Er lebte inzwischen mit einer Angestellten zusammen, von der er auch ein Kind hatte. Die Rückkehr seiner Frau samt Tochter war ihm höchst unangenehm. Er quälte beide und bedrohte sie auch mit dem Tod. So beschloß Herta, Michael zu heiraten, den sie nicht liebte, der ihr aber den Hof machte, und der bereits verdiente und ein gutes Elternhaus hatte. Sie heiratete gegen ihren Willen, nur um aus dieser unerträglichen Situation herauszukommen und wurde sehr unglücklich.

Beweis: Wie aus dem Beispiel hervorgeht, wurde die Ehe von Herta nicht geschlossen, weil der Vater oder die Mutter sie dazu gezwungen haben, auch Michael hat sie nicht gezwungen, sondern weil der Vater ihr und der Mutter das Leben unmöglich machte. Indirekt, durch die Situation im Elternhaus, wurde Herta von außen, nämlich vom Vater, gezwungen, zu heiraten. Die Ehe war für sie der einzige Ausweg, dieser Situation zu entkommen.

Achtung: Die Ehe ist absolut gültig, wenn Herta Michael geliebt hätte und gerne ausgezogen wäre, um ihrem Manne anzuhangen. Die Ehe ist auch dann gültig, wenn Herta eine Verdienstmöglichkeit gehabt hätte, sich ein Zimmer anderswo hätte mieten können, kurzum, einen anderen außer der Eheschließung bestehenden Weg finden hätte können, um aus der Situation im Elternhaus zu entkommen. Auch der indirekte Zwang muß qualifiziert sein, worauf im Beweisverfahren zu achten ist.

3. AUSSCHLUSS DER NACHKOMMENSCHAFT
(exclusio boni prolis)

C. 1086 § 2 bestimmt: „Wenn aber ein Teil oder beide Teile beim Eheabschluß den positiven Willen haben ... das ganze Recht auf den ehelichen Akt ... auszuschließen, dann ist die so geschlossene Ehe ungültig.«

Im neuen Recht findet sich derselbe Kanon mit etwas verändertem Wortlaut (vgl. Schema c. 1055 § 2).

Die Nachkommenschaft kann auf zwei Arten ausgeschlossen werden: entweder durch die vorsätzlich mißbräuchliche Durchführung des ehelichen Aktes (z. B. vorzeitiger Abbruch des ehelichen Verkehrs), so daß keine Kinder gezeugt werden können, oder durch den positiven Ausschluß der Hinordnung des ehelichen Aktes auf die Nachkommenschaft (z. B. durch Einnahme der Pille, Abtreibung usw.).

Beispiel:

Klaus wurde Witwer, als seine drei Kinder bereits erwachsen waren. Nach einigen Jahren Witwerschaft dachte er daran, nochmals zu heiraten. Im Kreis seiner Bekannten schätzte er Margit schon lange, die zwar viel jünger war, aber seinem Heiratsvorschlag nicht abgeneigt war. Margit war berufstätig, hatte ein stilles, bescheidenes Wesen und fühlte sich durch die Aufmerksamkeiten, die Klaus ihr zuwandte, sehr geehrt. Beide verstanden sich gut, auch Klaus' Söhne waren einverstanden, daß ihr Vater nochmals heiratete. Klaus sagte vor der Ehe zu Margit, daß er ihr alles bieten werde, aber keine Kinder mehr haben möchte, denn seine Söhne seien bereits erwachsen und er sei zu alt und auch zu nervös, um nochmals kleine Kinder aufzuziehen. Margit sah dies ein und meinte, das sei kein Problem, sie werde sich die Pille verschreiben lassen. So geschah es auch. Die Ehe verlief harmonisch, alles schien in Ordnung zu sein. Allmählich machte sich jedoch eine Leere bemerkbar. Klaus war viel im Beruf tätig, viel mit seinen Söhnen unterwegs. Margit begann sich zu langweilen, sie nahm wieder eine Stelle an. Eines Tages als sie merkte, daß sie im Haus eigentlich überflüssig war, schrieb sie Klaus einen Abschiedsbrief und zog aus.

Beweis: Die Ehe, die Klaus in gutem Glauben einging, ist nichtig, weil er schon vor der Ehe positiv die Hinordnung des ehelichen Aktes auf Nachkommenschaft ausgeschlossen hat. Er schloß mit der ahnungslosen Margit sogar einen Pakt, keine Kinder in der Ehe zu zeugen. Die Hinordnung des ehelichen Aktes auf die Nachkommenschaft kann durch Einnahme der Pille verhindert werden, durch Scheidenspülung nach dem Verkehr, durch Einsetzen einer Spirale in die Gebärmutter, durch Abtreibung, kurzum, durch alle jene Mittel, die den Vollzug des ehelichen Verkehrs nicht direkt beeinträchtigen, sondern nur seine Ausrichtung auf die Nachkommenschaft.

Wie bei der Totalsimulation wird der Ausschluß eines wesentlichen Teiles der Ehe (Nachkommenschaft) durch das Überwiegen des Motivs bewiesen. Das Ausschlußmotiv (causa simulandi) muß das Heiratsmotiv überwiegen (causa contrahendi). Klaus war Witwer, er wollte keine Kinder mehr. Sein Ausschlußmotiv überwog das Eheschließungsmotiv, das nur darin bestand, nicht allein zu sein, eine Hilfe im Haus zu haben oder eine Pflege, wenn er einmal krank wäre. Außerdem muß bewiesen werden – durch Aussagen der Parteien, Zeugen, Dokumente, Briefe usw. –, daß die Ehe tatsächlich immer so vollzogen wurde, daß keine Kinder kommen konnten. Entscheidend ist auch das Verhalten der Partei, die die Kinder schon vor der Ehe ausgeschlossen hat.

Anderes Beispiel:

Helmut, der ein sehr loses, ungebundenes Leben führte, lernte bei einem Ausflug Astrid kennen. Das Mädchen war sehr fromm und ernst. Sie war als Krankenschwester in einem Spital tätig. Helmut verliebte sich in sie, weil sie anders war als alle seine Freundinnen. Auch Astrid mochte Helmut gerne. Trotz des großen charakterlichen Unterschiedes und trotz aller Bedenken von Astrids Eltern wurde Verlobung gefeiert. Helmut sprach recht leichtfertig von der Ehe, sie sei eine reine Formsache, Hauptsache, man verstünde sich; Kinder wolle er keine. Diese wären nur eine Belastung, er fühle sich durch Kinder in seiner persönlichen Freiheit eingeschränkt. Astrid hörte Helmut zu, sie war mit all seinen Reden nicht einverstanden, dachte aber, daß sie ihn in der Ehe ändern würde. Auch ihre Eltern bestätigten ihr, daß sich Helmut durch den Umgang mit ihr schon wesentlich gebessert hätte. Er war ihr treu, ging weniger in Gasthäuser und hatte aufmerksame Worte für Astrids Eltern. Nach der Hochzeit führte Helmut den ehelichen Verkehr jedoch immer so durch, daß keine Kinder kommen konnten. Astrid lehnte es ab, die Pille zu nehmen. Also paßte er auf oder nahm die üblichen Verhütungsmittel. Astrid litt sehr darunter. Einmal gelang es ihr, Helmut zu belügen. Sie sagte, sie hätte die Pille genommen. Und als sie dann schwanger wurde, gestand sie ihre List ein. Helmut war erzürnt, verlangte die Abtreibung. So floh Astrid zu ihrer Mutter, und als sich Helmuts Benehmen nicht änderte, kehrte sie nie mehr zu ihm zurück.

Beweis: Hier handelt es sich um den Ausschluß der Kinder durch vorsätzlich mißbräuchlichen Vollzug des ehelichen Aktes (coitus interruptus, Anwendung von Condom und anderen Verhütungsmitteln, ausschließlicher Verkehr nur an unfruchtbaren Tagen usw.). Nur Helmut hat die Nachkommenschaft positiv schon vor der Ehe ausgeschlossen, man kann sogar sagen, er hat nur unter der Bedingung geheiratet, in der Ehe keine Kinder zu zeugen. Astrid nahm jedoch diese Bedingung nicht an, sie dachte vielmehr, den Mann in der Ehe umzustimmen. Der Kinderausschluß muß auch hier durch Parteien- und Zeugenaussagen erwiesen werden, durch Schriftstücke, Briefe oder ärztliche Zeugnisse.

Helmuts Geständnis erleichtert wesentlich das Beweisverfahren, ist aber nicht unbedingt notwendig. Auch ein Leugnen oder Nichterscheinen des Simulanten vor Gericht schadet dem Ausgang des Verfahrens nicht, wenn seine Ursache, wie Feigheit oder Gleichgültigkeit, mit dem sonstigen Verhalten des Beklagten übereinstimmt.

Das Ausschlußmotiv waren bei Helmut seine unbeschränkte Freiheitsliebe, sein Egoismus, seine Unreife. Er hätte bestimmt nicht geheiratet, wenn er hätte Kinder zeugen müssen.

Die Schwangerschaft oder Geburt eines oder mehrerer Kinder in der Ehe erschweren das Beweisverfahren, machen es jedoch nicht unmöglich. Wichtig ist der Beweis, daß Helmut vor der Ehe absolut keine Kinder wollte und daß er diesen Vorsatz in der Ehe absolut durchgehalten hat. Astrid hatte Helmut betrogen. Auch das muß eindeutig bewiesen werden. Entscheidend ist allein der voreheliche Ausschlußwille, nicht Fakten, die außerhalb des Ausschlußwillens liegen. Entscheidend ist auch das Verhalten des Simulanten (Helmut), sobald er von der nicht gewollten Schwangerschaft oder Geburt eines Kindes erfahren hat.

Es ist ein wichtiges Indiz für den vorehelichen Ausschluß der Kinder, wenn ein Ehepartner die Ehe lieber zerbrechen lassen will, als Kinder zu zeugen, wenn er sich lieber von dem anderen Teil trennt, als das Risiko einer Schwangerschaft auf sich zu nehmen.

Achtung: Wenn Klaus und Margit im ersten und Helmut im zweiten Beispiel vor der Ehe bei sich dachten oder zu anderen Leuten sagten: »Wenn trotzdem ein Kind kommt, so ist das auch kein Unglück.« Oder wenn Klaus oder Margit sagten: »Wenn einer von uns einmal die Abmachung nicht mehr einhalten will, dann habe ich auch nichts dagegen«, oder wenn Helmut meinte: »Wenn es mit Astrid ohne Kind nicht auszuhalten ist, dann soll meinetwegen eins kommen« – dann ist die Ehe gültig.

Die Rechtsprechung macht nämlich den Unterschied zwischen dem Ausschluß des Rechtes (ius) auf den ehelichen Akt und dem Ausschluß der Ausübung dieses Rechtes (usus oder exercitium iuris), zwischen dem Verpflichtungs- und dem Erfüllungswillen. Derjenige, der nur die Ausübung des bereits gewährten Rechtes ausschließt, also keinen Erfüllungswillen besitzt, schließt eine gültige Ehe.

In allen Ehen, in denen zuerst an den Kühlschrank, das Auto, die wirtschaftliche Sicherstellung, den Hausbau und ähnliche Dinge gedacht wird und dann erst an die Zeugung von Nachkommenschaft, wird gewöhnlich nur die Ausübung des Rechtes auf Nachkommenschaft ausgeschlossen, nicht das Recht selbst, absolut und für die ganze Zeit der Ehe, Kinder zu zeugen.

Der Vollzug der Ehe, ob mit Zähigkeit und Ausdauer an dem vorehelichen Ausschlußwillen festgehalten wird, ist ein wichtiges Indiz für die Intensität dieses Ausschlußwillens. Daran kann man erkennen, ob bereits der Verpflichtungswille oder nur der Erfüllungswille mangelte.

Die Unterscheidung zwischen Recht und Ausübung des Rechtes auf Nachkommenschaft gehört zu den schwierigsten Beweisregeln im Eheprozeß. Es ist aber nicht nötig, daß diese Unterscheidung den Eheleuten bekannt ist. Sie ist eine Hilfe für Richter und Anwälte, um mit moralischer Sicherheit feststellen zu können, ob tatsächlich absolut und für immer die Nachkommenschaft bereits vor der Ehe ausgeschlossen wurde oder ob es sich nur um eine jederzeit widerrufliche Äußerung handelte.

4. AUSSCHLUSS DER NACHKOMMENSCHAFT AUF ZEIT

In ganz seltenen Fällen wird die Ehe wegen Ausschlusses der Nachkommenschaft nur für bestimmte Zeit annulliert. Es muß nämlich in diesem Fall eindeutig bewiesen werden, daß für die bestimmte Zeit das Recht selbst (nicht bloß dessen Ausübung) auf Nachkommenschaft ausgeschlossen wurde. Schon die Rechtsvermutung spricht dagegen. Es wird immer nur die Ausübung des Rechtes für ausgeschlossen gehalten.

Unter Ausschluß der Nachkommenschaft auf Zeit versteht man auch hier entweder den Ausschluß des Rechtes auf naturgemäßen ehelichen Verkehr oder auf dessen Hinordnung auf Nachkommenschaft.

Drei Beispiele mögen den Ausschluß der Nachkommenschaft auf Zeit veranschaulichen.

Beispiel 1:

Adolf stammt aus einer kinderreichen Familie, und als er heiratete, sagte er noch vor der Ehe zu seiner Frau

Luise, daß mehr als zwei Kinder auf keinen Fall in Frage kämen. Luise war so verliebt in Adolf, daß sie damit sofort einverstanden war, auch Eltern und Bekannte wußten darum. Adolf, als siebtes Kind von neun Geschwistern, hielt sich in seiner Jugend für zu kurz gekommen und wollte dieses Schicksal seinen eigenen Kindern ersparen.

Beispiel 2:

Gerhard heiratete Maria, als er noch Student war, und sagte noch vor der Ehe zu seiner Braut, daß in den ersten drei Jahren, also bis zum Abschluß seines Studiums, absolut keine Kinder kommen dürften. Maria war damit einverstanden, sie konnte dadurch weiterhin in der Bank arbeiten und etwas Geld dazuverdienen.

Beispiel 3:

Fritz und Emma lebten ohne Ehe zusammen. Emma war Fritz treu und hätte ihn gern geheiratet. Fritz wollte jedoch seine Freiheit haben. Er ging auch mit anderen Frauen aus, betrog Emma und steuerte kaum zu gemeinsamem Haushalt bei. Ein Priester riet der unglücklichen Emma, ihr Privatleben in Ordnung zu bringen, entweder zu heiraten oder Fritz stehenzulassen. Als Fritz von dieser Alternative erfuhr, entschloß er sich doch für die Heirat mit Emma, denn er wollte sie nicht verlieren. Er wollte jedoch keine Kinder. Die Heirat bedeute für ihn schon eine große Einbuße seiner Freiheit, und Kinder würde er überhaupt nicht ertragen. Vor allem nicht in den ersten zwei Jahren, wo er gehaltlich noch zu tief eingestuft war. Emma dachte, daß zwei Jahre keine Ewigkeit seien, und heiratete Fritz. Nach Ablauf der zwei Jahre wollte aber Fritz noch immer keine Kinder. Als ihm das ständige Drängen von Emma lästig wurde, verließ er sie.

Beweis: Aus den Beispielen wird auch einem im Kirchenrecht nicht erfahrenen Leser die Problematik des Ausschlusses der Nachkommenschaft auf Zeit auffallen. Am ehesten wird der Beweis im Beispiel 3 gelingen, vor allem wenn nachgewiesen werden kann, daß Fritz nicht nur auf Zeit, sondern in Wahrheit absolut und für immer die Nachkommenschaft ausgeschlossen hat.

Wichtig ist immer die genaue Prüfung des Ausschlußmotivs. Handelt es sich eher um ein dauerndes Motiv, so wird auch der Ausschluß nicht nach dem vor der Ehe angegebenen Zeitabschnitt aufhören. Die Freiheitsliebe und der Egoismus von Fritz im Beispiel 3 bestanden nach den zwei Ehejahren weiterhin fort. Auch ist die Ehe an seinem Unwillen, Kinder zu zeugen, gescheitert. Das angegebene zeitliche Motiv der Gehaltserhöhung hat sich jedenfalls als unerheblich erwiesen, als Vorwand, den absoluten Ausschluß zu verheimlichen.

Im Beispiel 2 muß bewiesen werden, daß es sich tatsächlich um eine »dilatio iuris« handelte, d. h. um einen Aufschub des Rechtes auf Nachkommenschaft. Der Beweis wird sehr selten gelingen, denn in den meisten Ehen will man sich zuerst finanziell sicherstellen, oder es sind andere Gründe vorhanden, die einen zeitlichen Aufschub durchaus rechtfertigen. Der Beweis wird dann gelingen, wenn zugleich nur auf Zeit geheiratet wurde. Wenn also auch die Unauflöslichkeit der Ehe ausgeschlossen wurde und für die Zeit der »Probeehe« auch die Kinder. Diese gelten nur als Hindernis für die beabsichtigte Trennung.

Im Beispiel 1 muß bewiesen werden, daß schon *vor* der Ehe die Kinderzahl absolut und für immer festgesetzt wurde und ein weiteres Kind nicht in Frage kam.

Der Beweis wird beim zeitlichen Ausschlußverfahren in derselben Weise erbracht wie beim dauernden

Ausschluß. Die Rechtsvermutung spricht jedoch – wie bereits erwähnt – nur für den Ausschluß der Ausübung des Rechtes auf Kinder.

Dazu kommt noch, daß eine auf natürliche Art vorgenommene Geburtenregelung, die sogenannte verantwortete Elternschaft, von der Kirche durchaus erlaubt ist. Auch in diesen Fällen wird nur die Ausübung des bereits dem anderen Ehepartner eingeräumten Rechtes auf Nachkommenschaft ausgeschlossen: für immer oder nur auf bestimmte Zeit.

5. AUSSCHLUSS DER EHELICHEN TREUE *(exclusio boni fidei)*

Derselbe c. 1086 § 2 gilt auch für den Ausschluß der ehelichen Treue: »Wenn aber ein Teil oder beide Teile beim Eheabschluß den positiven Willen haben, eine wesentliche Eigenschaft der Ehe auszuschließen, dann ist die so geschlossene Ehe ungültig.« Die wesentlichen Eigenschaften der Ehe sind nach c. 1013 § 2 die Einheit und die Unauflöslichkeit.

Wer die Einheit der Ehe ausschließt, schließt die eheliche Treue aus. An diesen Bestimmungen ändert auch das neue Recht nichts (vgl. Schema c. 1055 § 2 und c. 1009).

Auch beim Ausschluß der ehelichen Treue unterscheidet die Rechtsprechung zwischen dem Ausschluß des Rechtes auf die Treue und dem bloßen Ausschluß des Gebrauches dieses Rechtes, zwischen mangelndem Verpflichtungswillen und mangelndem Erfüllungswillen. Im ersteren Fall ist die Ehe ungültig, im zweiten Fall aber gültig.

Deshalb sind die Prozesse wegen Ausschluß der ehelichen Treue selten, das Beweisverfahren ist schwierig, und noch seltener sind Urteile, die die Ungültigkeit der Ehe tatsächlich aussprechen.

Beispiel:

Erika erwartet ein Kind von Ludwig, dem Arzt des Kinderspitals in der Nachbarstadt. Ludwig war verheiratet und hatte zwei Kinder. Er wollte sich des zu erwartenden Kindes wegen nicht scheiden lassen, das konnte er sich in seiner Stellung nicht leisten, obwohl er Erika liebte. Er versprach jedoch, für das kommende Kind zu sorgen. Erika vertraute sich einem Arbeitskollegen namens August an, der ihr früher einmal den Hof gemacht hatte. Er freute sich über das Schicksal von Erika. War sie doch immer so hochmütig, jetzt muß sie mir dankbar sein, wenn ich sie heirate, dachte er bei sich. Erika besprach sich auch mit dem Arzt, und beide gelobten sich ewige Liebe und Treue. Nach der Heirat zog Erika zu den Eltern von August. Die Ehe verlief glücklich, vor allem deshalb, weil weder die Eltern von August noch August selbst merkten, daß Erika heimlich mit dem Arzt in Verbindung blieb. Sie telefonierten miteinander, schrieben sich Briefe und besuchten sich heimlich. Die Wahrheit kam erst an den Tag, als August von einem Freund, dessen Tochter in Ludwigs Kinderspital angestellt war, aufgeklärt wurde. Er fiel aus allen Wolken, spürte dem Fall nach und stellte auch Erika zur Rede. Es blieb ihr nach anfänglichem Leugnen nichts anderes übrig, als die Wahrheit zu sagen. Sie meinte aber, daß sie von dem Arzt nicht lassen könne, daß er ihr »alles« bedeute. August lief in seiner Verzweiflung zum Pfarrer, der zu einem kirchlichen Nichtigkeitsprozeß riet.

Beweis: Die Ehe ist ungültig, wenn nachgewiesen werden kann, daß Erika noch vor der Ehe die Absicht hatte, das Verhältnis mit dem Arzt auch in der Ehe mit August fortzusetzen. Daß sie nicht geheiratet hätte, wenn ihr mit der Ehe die Möglichkeit genommen worden wäre, sich weiterhin mit dem Arzt zu treffen. Das Simulationsmotiv, nämlich das intime Verhältnis mit dem Arzt weiterführen zu können, muß auch in diesem Fall stärker sein als das Heiratsmotiv. Dieses bestand in unserem Beispiel lediglich aus äußeren Gründen, um kein uneheliches Kind zur Welt zu bringen und nach außen hin ein normales Eheleben führen zu können.

Durch Parteien- und Zeugenaussagen, eventuell durch Dokumente, wie Liebesbriefe, Karten usw., muß erwiesen werden, daß Erika vor der Ehe mit August diesem nicht das ausschließliche Recht auf die ehelichen Akte eingeräumt, daß sie dieses Recht positiv ausgeschlossen und mit dem Arzt zu teilen beabsichtigt hatte. Ein Geständnis von Erika, auch eine ehrliche Aussage des Arztes, erleichtern das Beweisverfahren. Aber auch ohne Geständnis und bei Leugnen von Erika oder der jeweiligen Ehebrecher kann der positive voreheliche Ausschluß der Treue erwiesen werden. Fakten wiegen oft mehr als bloße Worte. Wenn alle wahrheitsgetreu überlieferten Umstände, die sich auf die Zeit vor, während und nach der Eheschließung beziehen, mit den Aussagen der klagenden Partei und den Zeugenaussagen übereinstimmen und durch das Simulationsmotiv erhärtet werden, kann trotz aller Schwierigkeiten ein Nichtigkeitsurteil gefällt werden.

Achtung: Wenn Erika vor der Ehe mit August mit dem Arzt Schluß gemacht hätte, wenn sie bei sich gedacht hätte, Ludwig ist ja ohnehin verheiratet, er läßt sich meinetwegen nie scheiden, ich heirate einfach August, der hat mich trotzdem gerne, irgendwie wird es schon gehen, dann wäre die Ehe gültig gewesen. Dann hat Erika nämlich nicht das Recht auf den ehelichen Verkehr mit August ausgeschlossen, sondern wollte mit der Heirat ein neues Leben beginnen, wenn auch ein nicht sehr glückliches.

Aber auch dann, wenn Erika vor der Heirat mit dem Arzt Schluß gemacht hätte, während der Ehe mit

August wiederum rückfällig geworden wäre und mit dem Arzt wieder ein Verhältnis begonnen hätte, ist die Ehe gültig. Denn in diesem Fall wurde vor der Ehe das Recht auf den ehelichen Verkehr nicht ausgeschlossen, nicht einmal die Ausübung des Rechtes. Es sei denn, Erika war sich vor der Ehe mit August bewußt, daß sie trotz Beendigung des Verhältnisses mit dem Arzt wieder rückfällig werden und ab und zu einen Seitensprung machen würde. Aber auch dann ist die Ehe gültig, denn es wurde höchstens die Ausübung des Rechtes auf den Leib in der Ehe mit August ausgeschlossen, nicht aber das Recht selbst.

So sind alle Ehen gültig, in denen einer oder beide Eheleute vor der Ehe zwar dem anderen Partner Treue gelobten, sich aber gelegentlicher Seitensprünge absolut sicher waren. Bloße Seitensprünge, auch wenn sie vor der Ehe programmiert waren, schließen das Recht auf die eheliche Treue nicht aus.

Anderes Beispiel:

Max war ein Frauenheld. Als solcher lernte er auch eines Tages Eva kennen, ein bildhübsches, frommes Mädchen, das ihm auf den ersten Blick gefiel. Eva war noch unberührt, und so etwas fehlte ihm in seiner Sammlung von Frauen. Er machte ihr den Hof, fand Gefallen bei den Eltern von Eva und verdrehte vor allem Eva selbst den Kopf. Trotz heftiger Verliebtheit versuchte Eva, aus Max einen gläubigen Menschen zu machen, was ihr aber nicht gelang. Es gab stundenlange Diskussionen über eheliche Treue, den Ernst einer Ehe, die Verantwortung usw. Max lachte über Evas Vorhaltungen. Er hatte seinen eigenen Treuebegriff, die geschlechtliche Treue zählte bei ihm nicht, er sprach von einer »geistigen« Treue und lehnte jede feste Bindung ab. Dies wußten alle, die ihn näher kannten. Er machte auch aus dieser seiner Einstellung kein Hehl. So hoffte Eva, den Mann in der Ehe umzustimmen. Auch das ging schief. Bald nach den Flitterwochen fiel Max in sein voreheliches ungebundenes Leben zurück. Er begann – zuerst heimlich, dann auch offen – Eva zu betrügen. Eva verzieh immer wieder, bis sie eines Tages einsah, daß sie einen aussichtslosen Kampf kämpfte und in die Scheidung einwilligte, die ihr Max schon lange vorgeschlagen hatte.

Beweis: Für den Ausschluß der ehelichen Treue genügt es bereits, daß der Simulant vor der Ehe den festen Vorsatz hat, das ausschließliche Recht auf den ehelichen Akt dem Ehepartner nicht zu übertragen, auch wenn er kein fixes Verhältnis mit einer dritten Person unterhält, das er nach der Eheschließung weiterführen möchte. Der Beweis ist jedoch schwierig. Auf keinen Fall kann aus Ehebrüchen, auch wenn es zahlreiche sind, auf einen vorehelichen Ausschlußwillen geschlossen werden. Es muß vielmehr aus den Aussagen des Simulanten selbst (Geständnis), den Zeugenaussagen, womöglich der Personen, mit denen die Ehe gebrochen wurde, oder Leuten, die den Simulanten vor oder nach der Ehe sehr gut kannten, hervorgehen, daß der Simulant, wie Max in unserem Beispiel, absolut nicht treu sein wollte, daß er diesen seinen Ausschlußwillen vor und nach der Ehe durch Taten bestärkte; die Persönlichkeit des Simulanten trägt auch viel zur Wahrheitsfindung bei, seine Sittenlosigkeit, Erziehung, Freiheitsdrang, ethische Anschauungen, Areligiosität usw. Auch das Simulationsmotiv muß erwiesen werden und eindeutig das Heiratsmotiv überwiegen. Max ging seine Freiheit und der Verkehr mit mehreren Frauen über alles. Er begründete sogar philosophisch seine perverse Ansicht. Das Heiratsmotiv bestand lediglich in der Angst, Eva sonst zu verlieren, aber nicht in der Absicht, ihr ewig treu zu sein.

Achtung: Auch in diesem Beispiel ist die Ehe gültig, wenn Max tatsächlich durch Eva auf den rechten Weg gebracht wurde und noch vor der Ehe den guten Willen hatte, sein polygames Leben aufzugeben, auch wenn er diesen Vorsatz nach der Eheschließung nicht immer eingehalten hat.

6. AUSSCHLUSS DER UNAUFLÖSLICHKEIT DER EHE
(exclusio boni sacramenti)

Hier gelten dieselben Kanones wie beim Ausschluß der ehelichen Treue, da die Unauflöslichkeit wie die Einheit zu den wesentlichen Eigenschaften der Ehe gehören (vgl. oben, S. 36).

Die Unauflöslichkeit der Ehe kann auf zwei Arten ausgeschlossen werden: einmal absolut, an einem bestimmten Termin, und dann hypothetisch, bei Eintreffen bestimmter Dinge. In beiden Fällen ist die Ehe nichtig.

Beispiel:

Felix ging schon lange mit Erna. Sie hatten auch bereits intime Beziehungen aufgenommen. Im Laufe der Zeit kühlte die Liebe Felix' zu Erna immer mehr ab, so daß er eines Tages erklärte, er wolle sie nicht mehr heiraten. Erna machte ihm eine Szene, sie sagte, daß sie schon so lange miteinander gingen, alle Leute hielten sie für ein fixes Paar, und in dem kleinen Dorf finde sie nicht so schnell einen anderen Mann. Auch bekäme sie erst mit dem 25. Lebensjahr ihre Anteile am väterlichen Gut ausbezahlt, so daß sie bis dahin auch mittellos wäre. Felix sah ein, daß ihm nichts anderes übrigblieb als zu heiraten. In seiner Wut sagte er jedoch noch vor der Eheschließung, daß er sie am 25. Geburtstag wieder stehenlassen werde. Er heirate aus Mitgefühl, aber nur bis zu dem Tag, an dem sie auch allein leben könne. Die Ehe verlief von Anfang an denkbar schlecht. Felix war wenig zu Hause, er hatte viel in der Stadt zu tun, kam dann erst zum Wochenende heim. Als er nach zwei Jahren Ehe ein anderes Mädchen kennenlernte, reichte er die Scheidung ein. Erna erinnerte Felix an sein Versprechen, wenigstens ihren 25. Geburtstag abzuwarten, aber Felix kümmerte sich nicht darum. Die Ehe wurde geschieden, aber auch für nichtig erklärt.

Beweis: Es handelt sich hier um einen absoluten Ausschluß der Unauflöslichkeit der Ehe. Daß Felix Erna schon vor dem 25. Geburtstag verlassen hat, spielt keine Rolle. Die Ehe war schon zu dem Zeitpunkt nichtig, in dem Felix seinen Ausschlußwillen bekanntgab, d. h. positiv setzte. Sie wurde nicht erst durch die Ausführung dieses Vorsatzes nichtig. Die Ehe wäre also auch dann ungültig gewesen, wenn Felix aus irgend einem Grund verhindert worden wäre, sich am 25. Geburtstag von Erna zu trennen.

Nur eine Erneuerung des ehelichen Willens macht die Ehe gültig, und zwar erst von dem Tag der Konsenserneuerung an. Wenn Felix knapp vor dem 25. Geburtstag von Erna oder noch am selben Tag oder später zu ihr gesagt hätte, es täte ihm leid, er wolle sie nicht verlassen, sondern gültig verheiratet sein, dann wäre die Ehe von diesem Tag an gültig gewesen.

Auch der Ausschluß der Unauflöslichkeit wird, wie jede andere Simulation, durch Parteien- und Zeugenaussagen bewiesen, durch das überwiegende Simulationsmotiv, die vor- und nachehelichen Umstände.

Es kommt sehr häufig vor, daß die Unauflöslichkeit der Ehe ausgeschlossen wird. Allerdings kaum absolut, sondern vielmehr hypothetisch, wie das folgende Beispiel zeigt.

Anderes Beispiel:

Katharina wuchs bei ihrer Großmutter auf. Die Ehe ihrer Eltern war heillos zerrüttet. Es gab ständig Streit und Schläge, so daß die Großmutter Katharina zu sich holte. Als Katharina mit 19 Jahren Julius kennenlernte und sich die beiden verlobten, sagte sie zu ihrem Bräutigam: »Weißt du, wenn unsere Ehe einmal so werden sollte wie die meiner Eltern, dann trennen wir uns wieder, und es kann jeder seine eigenen Wege gehen.« Julius nahm diesen Ausspruch von Katharina nicht allzuernst. Er hielt es auch für unmöglich, daß seine Ehe einmal so werden sollte, wie die von Katharinas Eltern. Nach der Hochzeit ging Katharina ganz im Haushalt auf. Es kamen zwei Kinder, und sie merkte gar nicht, daß Julius immer seltener daheim war. Als sie dann erfuhr, daß er sich mit einer Schulkollegin angefreundet hatte, war es bereits zu spät. Es gelang ihr nicht, ihre Ehe zu retten. Von der Sinnlosigkeit eines weiteren Zusammenlebens überzeugt, willigte sie in die Scheidung ein.

Beweis: Die Ehe zwischen Katharina und Julius ist nur dann nichtig, wenn bewiesen werden kann, daß Katharina die Unauflöslichkeit der Ehe tatsächlich mittels eines positiven Willensaktes vor der Heirat hypothetisch ausgeschlossen hatte. Für den Fall nämlich, daß ihre Ehe einmal so werden würde, wie die ihrer Eltern. Auch in diesem Fall kommt es nicht darauf an, ob die Ehe wirklich so geworden ist, wie die von Katharinas Eltern. Die Ehe ist bereits mit dem positiven vorehelichen Ausschlußwillen nichtig, auch wenn sie dann aus einem anderen Grunde scheitert oder längere Zeit ganz gutgeht.

Es genügt nicht, nur theoretisch die Ehe für auflöslich zu halten, wie es viele Protestanten tun. Es genügt auch nicht, nur allgemein einen Ausspruch gegen die Unauflöslichkeit der Ehe zu tun, von Scheidung zu reden, ohne ernstlich daran zu denken. Der Ausschlußwille – ob absolut oder nur hypothetisch – muß sich auf die konkrete Ehe beziehen und positiv gesetzt sein. Das ganze Beweisverfahren konzentriert sich beim Ausschluß der Unauflöslichkeit der Ehe auf die ernste voreheliche Absicht, an einem bestimmten Tag, nach Zeitablauf oder wenn bestimmte Dinge eintreffen, wieder auseinanderzugehen.

Das Simulationsmotiv gibt oft Aufschluß über die Intensität des Ausschlußwillens. Große Charakterunterschiede, Angst vor dem Mißlingen der Ehe, Mangel an Liebe usw. machen den behaupteten Ausschluß der Unauflöslichkeit glaubwürdiger als heftige voreheliche Liebe.

Hierher gehören alle Ehen, die nur auf Probe geschlossen wurden, vor deren Abschluß man sich einig war, wieder getrennt zu leben, wenn man eine andere, schönere oder reichere Frau findet oder wenn man einfach nicht mehr zusammenpaßt, wenn die Liebe nicht mehr vorhanden ist usw.

Der Beweis gelingt leichter, wenn der positive voreheliche Ausschlußwille in Form einer Bedingung dem anderen Partner bekanntgegeben wurde oder gar ein Pakt unter den Parteien darüber abgeschlossen wurde.

Achtung: Die schriftliche, voreheliche Abmachung, die Ehe nur so lange aufrechterhalten zu wollen, als man sich gut versteht oder bis irgendein anderes Ereignis eintritt, spricht nicht von vornherein für die Ungültigkeit der Ehe. Auch dann nicht, wenn ein solches Schriftstück beim Notar hinterlegt wurde.

Diese Schriftstücke, in der Rechtsprechung unter dem Namen »chartulae« bekannt, waren in Italien vor der Einführung der zivilen Scheidung sehr gebräuchlich. Sie haben aber nur dann volle Beweiskraft, wenn sie authentisch sind, freiwillig und im vollen Bewußtsein des Inhalts abgefaßt wurden. Auch der Zweck der Abfassung muß mit dem Inhalt des Schriftstückes übereinstimmen, daß nämlich der voreheliche Wille gegeben war, die Ehe unter Umständen wieder aufzulösen. Außerdem muß die Abfassung des Schriftstückes mit den Parteien- und Zeugenaussagen, dem Simulationsmotiv und all den ehelichen Umständen übereinstimmen.

Wenn gläubige Brautleute, die sich lieben und eine christliche Ehe führen wollen, ein solches Schriftstück nur deshalb abfassen, weil es ein Freund auch so gemacht hat oder weil man dies überhaupt so macht, dann ist die Ehe trotzdem gültig. Weder Braut noch Bräutigam hatten in diesem Fall die Absicht, wieder auseinanderzugehen, wenn bestimmte Ereignisse passierten.

7. AUSSCHLUSS DES RECHTES AUF LEBENSGEMEINSCHAFT
(exclusio iuris ad ea quae vitae communionem essentialiter constituunt)

Diese Bestimmung findet sich erst im neuen kirchlichen Gesetzbuch (vgl. Schema c. 1055 § 2). Das alte Recht kennt diese Bestimmung nicht. Es liegt auch im Moment noch kein positives Rota-Urteil über einen solchen Nichtigkeitsgrund vor.

Seit dem II. Vatikanischen Konzil wurde jedoch das eheliche Recht auf den Leib des anderen Ehepartners (ius in corpus) auf das Recht auf eheliche Lebensgemeinschaft ausgedehnt. Eher als ein positiver Ausschluß der ehelichen Lebens- und Liebesgemeinschaft wird eine Unfähigkeit, diese Lebensgemeinschaft tatsächlich zu führen, vorhanden sein können, wie weiter unten bei der Behandlung der Eheführungsunfähigkeit deutlich werden wird.

Bis jetzt sind Beispiele nur in der wissenschaftlichen Lehre gegeben. Berühmt ist das vom italienischen Juristen Jemolo zitierte Beispiel einer Eheschließung aus Haß gegen die Verwandten der Braut. Der Ehewerber wollte die Ehe nur aus dem Grund schließen, um sich an der Familie der Braut zu rächen, um die Braut das ganze Eheleben lang zu quälen. Ohne eines der drei wesentlichen Ehegüter (Nachkommenschaft, Treue und Unauflöslichkeit) positiv auszuschließen, wollte er die Ehe aus Haß eingehen und im Haß beschließen.

Nach geltendem Recht könnte eine solche Ehe – sofern sie tatsächlich vorkommt – auch wegen Totalsimulation, und zwar wegen Fiktion (siehe oben S. 16), für nichtig erklärt werden, wenn wirklich das Simulationsmotiv des Hasses das Heiratsmotiv überwog.

Die künftige Rechtsprechung wird erweisen, wann und in welcher Form rechtswirksam das Recht auf Lebensgemeinschaft ausgeschlossen werden kann.

8. PERSONENIRRTUM
(error facti substantialis)

C. 1083 § 1 des alten Rechts bestimmt: »Ein Irrtum über die Person des anderen Eheteils macht die Ehe ungültig.« Auch im neuen Recht macht der Personenirrtum die Ehe ungültig (vgl. Schema c. 1051 § 1).

Beispiel:

Nach einigen Jahren Witwerschaft dachte Josef, ein reicher und vielbeschäftigter Grundbesitzer, wieder an Heirat. Er besprach sich mit seinem Sohn Paul, der ihm eine gewisse Maria vorschlug, die auch Witwe war und einen guten Ruf, jugendliches Aussehen und Heiterkeit besaß. Josef beauftragte seinen Sohn, Maria seinen Heiratsantrag zu überbringen. Maria lehnte jedoch ab und schlug eine Freundin, Caecilia, vor. Diese nahm das Angebot an. Josef hatte keine Zeit, die ausgewählte Braut vor der Hochzeit zu begutachten. Er vertraute seinem Sohn. Dieser unterließ es jedoch, seinem Vater zu sagen, daß er nicht Maria, sondern Caecilia heiraten werde. Als Josef nach der Trauung mit seiner Frau die Kirche verließ, bemerkte er, daß es sich um eine ältere, sich schon dem Greisenalter nähernde Frau handelte, und war erzürnt über den Streich, den man ihm gespielt hatte. Er wollte die Frau in sein Haus nicht aufnehmen, und als es ihm gelang, sie an ihren Heimatort zurückzusenden, reichte er die Klage auf Ehenichtigkeit wegen Irrtums in der Person ein.

Beweis: Beim Personenirrtum muß bewiesen werden, daß jemand eine bestimmte Person, die ihm entweder persönlich oder auch nur der Beschreibung nach bekannt war, heiraten wollte, aber dann an deren Stelle eine andere heiratete. Ein Personenirrtum kommt eher in Ländern vor, wo die Frau verschleiert auftritt, bei Ehevermittlung, bei Zwillingen, auch beim Kennenlernen durch die Zeitung.

9. IRRTUM ÜBER DIE EIGENSCHAFT EINER PERSON
(error facti accidentalis)

Zunächst der alte Gesetzestext: »Bezieht sich der Irrtum aber nur auf eine Eigenschaft der Person, so wird dadurch die Ehe im allgemeinen nicht ungültig. Die Ehe ist auch dann noch gültig, wenn dieser Irrtum die Ursache der Eheschließung war. Von dem allgemeinen Grundsatz, daß der Irrtum in einer persönlichen Eigenschaft die Ehe nicht ungültig macht, gibt es nur zwei Ausnahmen: a) wenn der Irrtum in einer persönlichen Eigenschaft zu einem Irrtum in der Person selbst wird und b) wenn eine freie Person eine Ehe mit einer anderen Person schließt, von der sie meint, auch sie sei frei, die tatsächlich aber sich in richtiger Sklaverei befindet« (c. 1083 § 2).

Der unter Punkt b genannte Eigenschaftsirrtum über die Freiheit oder den Sklavenstand einer Person findet sich nicht mehr im neuen Recht. Er gilt mit Recht als überholt.

Als einziger juristisch erheblicher Eigenschaftsirrtum ist also der unter Punkt a genannte »error redundans« anzusehen, der auch im neuen Kodex die Ehe ungültig macht (vgl. Schema c. 1051 § 2).

Bei diesem Eigenschaftsirrtum handelt es sich um einen Irrtum über die Eigenschaft einer Person, der praktisch auf einen Personenirrtum hinausläuft. Er »mündet« (redundat) in einen Personenirrtum.

Hier handelt es sich eindeutig um positives kirchliches Recht. Denn nach dem Naturrecht müßte jeder Irrtum rechtserheblich sein. Um jedoch keine Mißbräuche aufkommen zu lassen, schränkt die Kirche, als Auslegerin des Naturrechts, im geltenden Recht den Eigenschaftsirrtum auf den »error redundans« ein. Es könnte leicht jemand sagen, ich wollte immer nur eine »Blonde« heiraten, jetzt, nach der Ehe, sehe ich aber, daß ich eine »Schwarze« geheiratet habe. Es leuchtet ein, daß aus diesem oder ähnlichen Gründen die Ehe nicht ungültig erklärt werden kann.

Beispiel eines »error redundans«:

Im Pakistan werden die Ehefrauen käuflich erworben. Die Jungfrau hat einen höheren Preis als die anderen Frauen. Erich, der kürzlich zur katholischen Kirche übertrat, beauftragte einen Heiratsvermittler, ihm eine Jungfrau zu erwerben. Er gab ihm auch den Preis dafür. Der Vermittler erwarb Imelda und führte sie Erich vor. Diesem gefiel sie, und es wurde Hochzeit gefeiert. Nach Aufnahme des gemeinsamen Wohnsitzes bemerkte Erich jedoch, daß Imelda schwanger war, und war zutiefst enttäuscht. Er lief zum Vermittler, ließ sich das Geld zurückgeben und verstieß seine Frau.

Beweis: Damit die Ehe wegen eines Eigenschaftsirrtums für nichtig erklärt wird, muß vor allem bewiesen werden, daß der Ehewerber nicht sosehr eine bestimmte Person heiraten wollte, sondern mehr Wert auf eine Eigenschaft legte. In unserem Fall auf die Jungfräulichkeit. Erich wollte vor allem eine Jungfrau, wer diese war, war ihm nicht so wichtig. Aber eine Jungfrau mußte es sein. Die Eigenschaft »Jungfrau« vertrat für ihn die Person selbst, so daß ein Irrtum in dieser Eigenschaft auf einen Personenirrtum hinausläuft.

Der Irrtum muß natürlich bewiesen werden, und zwar anhand von Parteien- und Zeugenaussagen, eventuell Dokumenten, Briefen, den besonderen Umständen, wie etwa in unserem Beispiel die Landessitte, die Frau zu einem bestimmten Preis zu kaufen; entscheidend ist auch die Reaktion des Getäuschten nach der Aufdeckung des Irrtums. Wenn er sich nachher als nicht verheiratet fühlt, zumindest als mit dieser Person nicht verheiratet, spricht dies für die Ungültigkeit der Ehe.

Der Beweis gelingt noch leichter, wenn es sich um eine Eigenschaft handelt, die einer einzigen Person zukommt, wie etwa »der erstgeborene Sohn des Königs von Spanien«, »die älteste Tochter des Präsidenten der USA«, und wenn der Ehewerber die betreffende Person, der allein die gewünschte Eigenschaft zukommt, vor der Ehe gar nicht gesehen hat.

Aber auch bei guter vorehelicher Kenntnis der zu heiratenden Person und auch bei einem Irrtum, der sich auf eine mehreren Personen zukommende Eigenschaft erstreckt, kann die Ehe für nichtig erklärt werden. Das Beweisverfahren ist dann schwieriger. Landessitten wie in Pakistan sind bei uns seltener. Die Eigenschaft – etwa nur einen Arzt zu heiraten – muß trotz Kenntnis der

Person dieser vorgezogen werden und die Ehe nur um dieser Eigenschaft willen geschlossen worden sein. Es muß auch eindeutig feststehen, daß der Ehewerber bereits vor der Ehe seinen Eigenschaftswunsch ausgesprochen hat. – Ein bloßer Irrtum, der erst nach der Ehe aufgedeckt wird – wie etwa, daß der Mann bereits zivil verheiratet war und drei Kinder besitzt –, bleibt juristisch unerheblich, wenn die Frau nicht vor der Ehe ausdrücklich gesagt hat, sie wolle nur einen ledigen Mann heiraten.

Um dieser gesetzlichen Härte abzuhelfen, wird im neuen Kodex der Kanon des *Betrugs* eingeführt werden.

Nach c. 1052 des neuen Gesetzbuches wird die Ehe nichtig sein, »wenn einer der Partner arglistig, und zwar im Hinblick auf die Erlangung des Ehekonsenses, über eine Eigenschaft des Kontrahenten getäuscht wurde, die geeignet ist, die eheliche Lebensgemeinschaft schwer zu beeinträchtigen«.

Die Frau, die nach der Ehe von der zivilen Heirat und der Vaterschaft ihres Mannes erfuhr, wird ihre Ehe in Zukunft wegen Betrug nichtig erklären lassen können. Auch verschwiegene Sterilität kann unter diesen Betrugskanon fallen. Ebenso verschwiegene Krankheiten, Syphilis, Schwangerschaft durch einen anderen Mann, wenn zugleich feststeht, daß der getäuschte Ehewerber schon vor der Ehe besonderen Wert auf Kinder, Gesundheit, Integrität der Frau usw. gelegt hat und die Täuschung in der Absicht, damit die Ehe zu erwirken, vorgenommen wurde.

10. IRRTUM ÜBER DIE EINHEIT, UNAUFLÖSLICHKEIT UND SAKRAMENTALITÄT DER EHE *(error iuris accidentalis)*

Diese drei Irrtümer sind im allgemeinen juristisch unerheblich. C. 1084 des alten Rechts bestimmt: »Ein einfacher Irrtum über die Einheit, Unauflöslichkeit oder Sakramentalität der Ehe beeinträchtigt die Gültigkeit des ehelichen Willens nicht. Bei einem einfachen Irrtum ist die Ehe selbst dann noch gültig, wenn jemand durch diesen Irrtum veranlaßt wurde, die Ehe zu schließen.«

Das neue Recht formuliert denselben Irrtum etwas genauer: »Ein Irrtum bezüglich der Einheit und Unauflöslichkeit, sofern er nicht den Willen berührt, hat keinen Einfluß auf die Gültigkeit der Ehe« (vgl. Schema c. 1053). Der Irrtum über die sakramentale Würde der Ehe wird nicht mehr erwähnt.

Die Worte »einfacher Irrtum« im geltenden Recht und »sofern der Irrtum nicht den Willen berührt« im neuen Recht, geben Anlaß zu genauen Unterscheidungen. Der Irrtum als bloßer Verstandesakt verungültigt die Ehe nicht. Ein Irrtum aber, der nicht mehr »einfach« ist oder der den Willen berührte, also in einen Willensakt übergegangen ist, macht die Ehe nichtig. Es handelt sich dann aber nicht um einen Irrtum, sondern um Simulation, um den bewußten Ausschluß der Unauflöslichkeit oder Einheit der Ehe (vgl. oben S. 41 f.).

Beispiele eines Irrtums über die Einheit der Ehe wird es in unseren Ländern kaum geben. Wer sich über die Monogamie irrt oder irrtümlich der Meinung ist, ein verheirateter Mann könne auch noch mit anderen Frauen verkehren und eine verheiratete Frau auch mit anderen Männern, schließt eine gültige Ehe. – Sollte der letzte Irrtum in den Willen übergegangen sein, ist das unter dem Ausschluß der ehelichen Treue Gesagte zu berücksichtigen (vgl. oben S. 36).

Beispiel eines Irrtums über die Unauflöslichkeit der Ehe:

Ingrid lernt Peter kennen. Sie war protestantisch, aus gutem Haus und studierte Sprachen. Peter war katholisch, ohne Beruf und von losen Sitten. Sie trafen sich öfters. Peter verstand es, Ingrid völlig in seinen Bann zu ziehen. Er nahm mit ihr intime Beziehungen auf und brachte sie in schlechte Gesellschaft. Ingrids Eltern waren über Peter entsetzt. Auch Ingrid verlor nach einiger Zeit die Achtung vor Peter. In gewisser Hinsicht hing sie jedoch an ihm. Als sie plötzlich schwanger wurde, dachte sie gleich daran, Peter zu heiraten. Die Eltern durften von der Schwangerschaft nichts wissen. Aber Ingrids Eltern waren auch gegen die Eheschließung. So kämpfte Ingrid für eine Sache, die ihr gar nicht so am Herzen lag. Sie wollte kein uneheliches Kind zur Welt bringen. Die Ehe könne man immer noch scheiden lassen, wenn es nicht ginge. Schließlich sind viele Menschen geschieden, und es könnte ja auch gutgehen. Die Ehe ging natürlich nicht gut, und nach der Scheidung bemühte sich Ingrid um die kirchliche Nichtigkeitserklärung der Ehe, da sie einen anderen Mann, wieder einen Katholiken, heiraten wollte.

Beweis: Die Frage, ob es sich im vorliegenden Beispiel um einen einfachen Irrtum oder bereits um einen positiven vorehelichen Ausschluß der Unauflöslichkeit gehandelt hat, hängt einzig vom Beweisverfahren ab.

Wenn Ingrid heiraten wollte, um dem Kind einen Namen zu geben, wenn sie allgemein der Auffassung war, eine Ehe sei auflösbar, wenn sie sich vornahm, mit Peter eine gute Ehe zu führen, davon überzeugt war, ihn zu bessern und auf den richtigen Weg zu bringen, auch wenn sie daran dachte, schlimmstenfalls könne man sich wieder scheiden lassen, dann ist die Ehe gültig.

Die Ehe ist aber ungültig, wenn Ingrid positiv schon vor der Ehe die Unauflöslichkeit aus der konkreten mit Peter einzugehenden Ehe ausgeschlossen hat (siehe oben S. 41).

Das Beweisverfahren wird sich hierbei vor allem auf den Übergang (transitus) des Irrtums als eines bloßen Verstandesaktes in einen Willensakt konzentrieren. Dies geschieht am besten durch Einvernahme der Parteien und Zeugen, die vor der Ehe Ingrid von der Heirat mit Peter abrieten, wenn Ingrid z. B. den abratenden Eltern geantwortet hat, sie könne sich jederzeit wieder scheiden lassen, sie wolle nur einmal probieren, mit Peter verheiratet zu sein. Sie als Protestantin sei ja an die Unauflöslichkeit der Ehe nicht gebunden; wenn sie Freunden gegenüber auch die Schwangerschaft erwähnte, das Heiratsmotiv, und dann konkret erklärte, sie sei lieber geschieden als eine Mutter mit einem unehelichen Kind, also sozusagen mit der Auflösung der Ehe rechnete, dann liegt ein positiver Ausschluß und kein einfacher Irrtum über die Unauflöslichkeit der Ehe vor.

Beispiel eines Irrtums über die Sakramentalität der Ehe:

Brigitte und Paul waren zwar katholisch getauft, aber praktisch ohne jeden Glauben. Als sie heirateten, meinte Brigitte: »Ob der Pfarrer hintendran steht oder nicht, ist für uns ganz belanglos.« Allein den Eltern zuliebe wurde in der Kirche geheiratet. Weder Paul noch Brigitte wollten ein Sakrament empfangen, wußten gar nicht, was dies sei, und gaben gegen ihren Willen das Jawort vor dem Pfarrer ab. – Als die Ehe dann in Brüche ging und beide wieder andere Partner heiraten wollten, versuchte Paul auch die Nichtigkeitserklärung seiner Ehe zu erlangen, aber ohne Erfolg.

Beweis: Rein theoretisch wäre es auch möglich, daß ein Ehewerber beim Abschluß der Ehe die Sakramentalität positiv, nicht nur irrtümlich, ausschließt. Auch ein Getaufter kann die Einheit, Unauflöslichkeit und Sakramentalität der Ehe ausschließen oder sich darüber im Irrtum befinden.

Ein Irrtum über die Sakramentalität der Ehe und auch ein willentlicher Ausschluß derselben ist sowohl nach geltendem als nach neuem Recht unerheblich. Dies widerspricht der katholischen Lehre der Kirche, die sich in den folgenden Kanones ausdrückt: »Ihrem innersten Wesen nach besteht die Ehe in dem ehelichen Vertrag. Diesen Ehevertrag zwischen Getauften hat Christus zur Würde eines Sakramentes erhoben« (c. 1012 § 1). »Aus der Tatsache, daß der Ehevertrag selbst schon das Sakrament ist, folgt, daß zwischen Getauften kein gültiger Ehevertrag bestehen kann, der nicht zugleich Sakrament ist" (c. 1012 § 2).

Der c. 1012 § 1 und § 2, der auch ins neue Recht übernommen wurde (vgl. Schema c. 1008 § 1 und § 2, wo lediglich anstelle des Wortes Ehevertrag die Formulierung Ehebund aufscheint), ist kein positiv kirchliches und daher veränderliches Gesetz, sondern drückt ein doktrinäres Prinzip aus, das vom Lehramt der römischen Päpste und Bischöfe des gesamten katholischen Erdkreises gelehrt wird und der kirchlichen Rechtsprechung und Seelsorge als Leitfaden dient.

Die Versuche, Ehevertrag und Ehesakrament zu trennen, sind nicht neu. Sie waren zur Zeit des Josephinismus sehr aktuell, als man mit der Einführung der staatlichen Zivilehe den Staat für den Ehevertrag und die Kirche für das Ehesakrament zuständig erklären wollte. Heute versucht man mit der Trennung von Ehevertrag und Sakrament den vom Glauben abgefallenen Katholiken eine pastorale Hilfe bei der Eheschließung zu bieten. Tatsächlich standen auch in unserem Beispiel Paul und Brigitte vor dem Dilemma, entweder nur zivil zu heiraten und von den Sakramenten der Eucharistie und der Buße ausgeschlossen zu sein, oder eine katholische Trauung und damit eine unauflösliche, sakramentale Ehe zu schließen, die sie in Wahrheit ablehnten.

Wegen der Häufigkeit all dieser Fälle muß nun folgendes festgehalten werden:

Durch das Sakrament der Taufe ist jeder Getaufte zugleich Empfänger (Subjekt) und Spender (Minister) des Ehesakramentes.

Zum gültigen *Empfang* des Ehesakramentes wie auch jedes anderen Sakramentes ist der Glaube nicht erforderlich. Auch ein Kind, das im Glauben noch nicht gefestigt ist, kann gültig die Taufe empfangen. Ebenso kann jemand gültig das Ehesakrament empfangen, auch wenn er nur heiraten will, ohne ein Sakrament zu empfangen. Das Sakrament wird deshalb unwürdig, weniger fruchtbar, aber dennoch gültig empfangen. Auch die hl. Kommunion kann man unwürdig, aber gültig empfangen.

Zur gültigen *Spendung* des Ehesakramentes ist auch kein besonderer Glaube nötig, nur die Intention, das Sakrament tatsächlich spenden zu wollen. Da aber die Eheleute selbst Spender (Minister) des Ehesakramentes sind, kommt mit dem Ehewillen der Getauften zugleich das Sakrament zustande. Denn das Ehesakrament ist, zum Unterschied von den anderen Sakramenten, nicht etwas, was von außen zum Ehevertrag dazukommt (wie etwa in der Ostkirche durch die Segnung des Priesters). Jesus Christus hat vielmehr den Ehevertrag als solchen, die natürliche Einrichtung der Ehe selbst, wie sie bereits vorgegeben war, zum Sakrament erhoben. Das sakramentale Zeichen (der Ehevertrag) existiert beim Ehesakrament schon vor dem Sakrament. Das Ehesakrament folgt dem Ehevertrag. Haben daher die getauften Eheleute einen gültigen Ehevertrag abgeschlossen, dann haben sie sich auch ein gültiges Sakrament gespendet.

So wird auch verständlich, warum eine Ehe durch einen Prokurator (c. 1089), unter einer Bedingung (c. 1092), in Abwesenheit des assistierenden Priesters oder Diakons (c. 1098) gültig geschlossen oder in der Wurzel geheilt werden kann, (cc. 1138–1141), ohne daß dadurch dem Ehesakrament Schaden widerfährt.

Wenn nun der Spender des Ehesakramentes keinen Glauben hat, so spendet er das Sakrament unwürdig, aber niemals ungültig. Denn der Spender eines Sakramentes handelt immer als Spender der gesamten Kirche, sein Unglaube wird durch den Glauben der Kirche ersetzt, sofern er nur das tun will, was die Kirche zu tun pflegt, und zwar auch dann noch, wenn er bloß weiß, was die Kirche tut, dies aber für gering, ja sogar für nichts erachtet, wie bereits Thomas von Aquin darlegte (vgl. Sth III, 64, art. 9 ad 2).

Ein Glaubensabfall stört also niemals die Beziehung des Getauften zur Kirche. Der Getaufte bleibt getauft und kann durch seinen Unglauben die katholische Lehre nicht beeinflussen. Somit liegt das seelsorgliche Kernproblem im *Glaubensabfall* selbst, dem schon vor der Ehe (im Brautunterricht, dem Hinausschieben des Trauungstages usw.) abgeholfen werden sollte.

Beispiel eines Ausschlusses der Sakramentalität der Ehe:

Herbert war zwar katholisch, aber schon lange vom Glauben abgefallen. Als er Emma kennenlernte, die protestantisch war, dachten beide nicht an eine kirchliche Trauung. Erst als bereits der Hochzeitstermin festgesetzt war, ließen Emmas Eltern wissen, daß sie eine nur zivile Heirat mit Herbert nicht gestatteten. Emmas Eltern waren katholisch, und es tat ihnen leid, daß Emma protestantisch erzogen worden war und dann zur evangelischen Kirche übertrat, nur weil sie sich in der Kriegszeit nicht um das Kind kümmern konnten. Emma berichtete Herbert die Einstellung ihrer Eltern. Herbert wurde böse, er sagte: »Ich heirate dich am Standesamt oder überhaupt nicht.« Emma war ratlos. Da gebrauchte sie eine List, sie erkundigte sich bei ihrem evangelischen Pfarrer bezüglich einer Trauung mit einem Katholiken. Dieser meinte, sie müsse bestimmte Kautionen erfüllen, damit Herbert die Dispens für eine Mischehe erlange. Dazu erklärte sie sich sofort bereit. Als Herbert von dem Vorschlag einer evangelischen Trauung hörte, war er genauso wütend wie zuvor. Er wiederholte seine Absicht, nur zivil oder gar nicht zu heiraten. Aber schließlich, er sei ja Katholik, für ihn bedeute eine evangelische Trauung nichts, wenn Emma unbedingt wolle, solle sie ihren Willen durchsetzen. Es wurde in der protestantischen Kirche geheiratet. Für Emmas Eltern war es das geringere Übel, Hauptsache, daß das Kind nicht ganz vom Glauben abfällt, dachten sie. – Die Ehe blieb kinderlos, wurde von Anfang an nicht glücklich. Herbert fand bald eine andere Frau, die er unbedingt heiraten wollte. Diese wollte aber um keinen Preis einen geschiedenen Mann heiraten. Sie war aus sehr frommem Haus und wäre auch gerne Nonne geworden. So bemühte sich Herbert um die kirchliche Nichtigkeitserklärung seiner Ehe.

Beweis: Die Ehe ist nur dann nichtig, wenn eindeutig erwiesen werden kann, daß Herbert die Sakramentalität der Ehe so absolut ausgeschlossen hat, daß er, wenn er gewußt hätte, daß auch die evangelische Trauung das Ehesakrament bewirkte, die Ehe mit Emma nie geschlossen hätte. In diesem Fall handelt es sich aber weder um einen Irrtum über die Sakramentalität der Ehe, der ja an sich rechtlich unerheblich ist, noch um einen positiven Ausschluß der sakramentalen Würde der Ehe, der – wie wir bereits erörterten – von Getauften nicht vollzogen werden kann, sondern lediglich um eine Scheinehe oder Totalsimulation, und zwar um eine »echte Scheinehe« (vgl. oben S. 20). Herbert wollte überhaupt nicht heiraten, wenn die Ehe zugleich ein Sakrament ist. – Ein solcher Fall wird sehr selten vorkommen.

11. UNWISSENHEIT
(error iuris substantialis, ignorantia)

C. 1082 § 1 sagt aus: »Damit jemand den nötigen ehelichen Willen haben kann, muß er wenigstens die Kenntnis haben, daß die Ehe eine dauernde Verbindung zwischen Mann und Frau ist mit dem Zwecke, Kinder zu erzeugen.«

Der folgende § 2 desselben Kanons bestimmt näherhin: »Hat jemand das Reifealter erreicht, dann setzt man voraus, daß er auch die zur gültigen Eingehung der Ehe nötige Kenntnis hat.«

Im neuen Recht wird, ohne an der Substanz des Kanons Wesentliches zu ändern, verlangt, »daß sich die Partner darüber nicht im unklaren sind, daß die Ehe eine dauernde Lebensgemeinschaft zwischen Mann und Frau ist; diese Lebensgemeinschaft ist auf Nachkommenschaft hingeordnet, die durch *irgendein körperliches Zusammenwirken* entsteht« (vgl. Schema c. 1050 § 1 und § 2).

Da es eine absolute Unwissenheit über die Ehe nicht gibt, handelt es sich bei der Unkenntnis (ignorantia) immer um eine falsche Vorstellung über die Ehe selbst; um einen Rechtsirrtum, und zwar, zum Unterschied vom einfachen Rechtsirrtum über die Einheit, Unauflöslichkeit und Sakramentalität der Ehe (vgl. oben S. 51), um einen *wesentlichen* Irrtum über die Substanz der Ehe selbst. Um das fehlende Mindestwissen über die Einpaarigkeit, Dauerhaftigkeit und Hinordnung der Ehe auf Nachkommenschaft.

Praktisch reduziert sich die Unwissenheit auf eine krasse Unkenntnis des ehelichen Verkehrs und der Kinderzeugung.

Beispiel:

Magdalena wuchs mit vier Buben als einzige Tochter sehr frommer Eltern auf. Sie wurde streng behütet, niemals aufgeklärt und nach Absolvierung einer Klosterschule mit Heimarbeit beschäftigt. Wenn sie ausging, begleitete sie immer die Mutter. Auch die Mutter war es, die für ihre Tochter den Ehemann aussuchte. Magdalena willigte gehorsam in den Vorschlag der Mutter, Joseph zu heiraten, ein. Joseph fügte sich seinerseits den Anordnungen der Mutter, eine reine Brautzeit zu verleben, ohne laszive Worte und unkeusche Berührungen. – Als Joseph jedoch in der Hochzeitsnacht die Ehe vollziehen wollte, fiel Magdalena aus allen Wolken. Sie war so entsetzt über Josephs Versuche, den ehelichen Verkehr durchzuführen, daß sie am liebsten davongelaufen wäre, wenn Joseph sie nicht mit aller Gewalt zurückgehalten hätte. Sie biß Joseph in den Arm und gebärdete sich wie eine Wilde. Auch nach Ablauf mehrerer Tage und Wochen war Magdalena noch in Abwehrstellung. Auf die Frage, wie sie sich denn die Zeugung von Kindern vorgestellt habe, meinte sie, man könne schwanger werden, wenn man längere Zeit umarmt nebeneinanderstünde. Joseph begann Magdalena aufzuklären. Aber das Eheleben funktionierte nie richtig, auch nach der Geburt einer Tochter empfand Magdalena immer noch Abscheu vor dem Intimleben. Eines Tages sagte sie, wenn sie gewußt hätte, wie die Ehe vollzogen wird, hätte sie wohl nie geheiratet. Sie war und blieb von den ersten sexuellen Annäherungsversuchen des Ehemanns geschockt. Erst nach mehreren Jahren erfuhr sie selbst in einer Eheberatungsstelle, daß eine Ehe wegen Unwissenheit ungültig erklärt werden kann.

Beweis: Der wesentliche Irrtum über die Hinordnung der Ehe auf Nachkommenschaft liegt dann vor, wenn irrtümlich angenommen wurde, daß die Kinder in der Ehe gekauft würden oder daß man sie eines Tages in der Wiege vorfände, daß Gott selbst sie im Mutterleib erschaffen würde oder daß sie durch die Wärme des Ehebettes entstünden usw. Auch Magdalenas Irrtum, die Kinder würden durch Umarmen entstehen, ist noch als wesentlicher Irrtum anzusehen, denn das im künftigen Recht näherhin bestimmte »irgendwelche körperliche Zusammenwirken« muß sich von einer anderen nicht-ehelichen Verbindung unterscheiden. Umarmen, küssen, an sich drücken kann man auch die Eltern, Freunde und Bekannte. Dies sind keine typisch ehelichen Vereinigungen, durch die die Ehe auf Nachkommenschaft ausgerichtet wird. Ebenso ist die Meinung, die Kinder kämen durch Einnahme von Pillen, durch Injektionen oder auf ähnliche Art zur Welt, ein wesentlicher Irrtum.

Noch leichter gelingt der Beweis, wenn jemand irrtümlich die Ehe für eine bloße Freundschaft hält, die zum Zweck der gegenseitigen Unterstützung oder nur aus platonischer Liebe eingegangen wird und nicht primär auf Kinderzeugung hingeordnet ist.

Achtung: Wenn Magdalena trotz ihrer krassen Unwissenheit über den ehelichen Verkehr und die Kinderzeugung bei Josephs Versuchen, die Ehe zu vollziehen, lediglich in ein Gelächter ausgebrochen wäre, sich dann aber allmählich an das Eheleben gewöhnt hätte, ist die Ehe gültig. Dann fehlte Magdalena nämlich nicht das wesentliche Mindestwissen über die Ehe, sondern nur eine genauere Kenntnis des Geschlechtsaktes, die nicht erforderlich ist.

Deshalb wird es sich bei fast allen Unwissenheitsfällen eher um physisch oder geistig zurückgebliebene Mädchen handeln oder um solche, denen der sexuelle Instinkt fehlt, die ungewöhnlich streng erzogen wurden oder unter so außergewöhnlichen Umständen aufwuchsen, daß sie sich das nötige Mindestwissen über die Ehe nicht aneignen konnten.

Auch Magdalena war sexuell unreif. Nicht sie, sondern die Mutter wählte den Ehemann; sie wurde streng erzogen und erhielt in der Hochzeitsnacht einen Schock fürs Leben.

Ein wesentlicher Irrtum über die *Einpaarigkeit* und Dauerhaftigkeit (Unauflöslichkeit) der Ehe hängt meist mit einem »falschen Leitbild« der Ehe zusammen. Wenn jemand in vater- oder mutterrechtlichen Ländern so von der Polygamie oder Polyandrie überzeugt ist, daß er bei Eingehen der christlichen Ehe ihre Einpaarigkeit nie in Kauf genommen hätte, schließt er eine ungültige Ehe. Ebenso alle, die der »freien Liebe« huldigen. Letztere Fälle fallen aber eher unter den Begriff der Simulation, nämlich des Ausschlusses der Unauflöslichkeit der Ehe (vgl. oben 41ff).

12. EHESCHLIESSUNG UNTER BEDINGUNG *(conditio)*

Eine bedingte Eheschließung kommt viel häufiger vor, als man allgemein annimmt. Es ist aber nicht immer leicht, die Bedingung zu erkennen, da es mehrere Arten von Bedingungen gibt und oft etwas für eine Bedingung gehalten wird, was in Wirklichkeit nur ein Irrtum, ein Wunsch oder Motiv zur Eheschließung war.

Andererseits kann es vorkommen, daß die Eheleute

gar nicht wissen, daß sie die Ehe juristisch unter einer Bedingung eingegangen sind. Dies ist meist dann der Fall, wenn unter einer bestimmten Voraussetzung geheiratet wird, die sich dann in der Ehe nicht erfüllte.

Wenn jemand z. B. nur unter der Voraussetzung heiratet, daß der andere Partner »nicht lungenkrank«, »nicht homosexuell« oder »frei von Erbkrankheiten« usw. ist, dann handelt es sich um eine sogenannte »conditio de praesenti vel de praeterito«, um eine *Voraussetzung oder Bedingung, die sich auf die Gegenwart oder Vergangenheit bezieht.* Man nennt sie auch eine »uneigentliche Bedingung«. Denn die eigentliche Bedingung bezieht sich immer auf die Zukunft, nicht auf die Gegenwart oder Vergangenheit.

C. 1092 § 4 des alten Rechts bestimmt darüber: »Die Gültigkeit der Ehe kann auch durch eine Bedingung beeinflußt werden, die bei Abschluß der Ehe gestellt und nicht widerrufen wurde: 4. Bei einer Bedingung, die sich auf die Vergangenheit oder die Gegenwart bezieht, ist die Ehe gültig oder ungültig, je nachdem der Umstand, von dem der Ehewille abhängt, vorhanden ist oder nicht.«

Das neue Recht hat an dieser Art der Bedingung nichts geändert (vgl. Schema c. 1056 § 2). Bezüglich der *Erlaubtheit* einer solchen Bedingung wird jedoch im neuen Recht verlangt, daß sie bei der Eheschließung schriftlich mit Erlaubnis des Ordinarius gestellt wird (vlg. § 3 desselben c. 1056). – Da jedoch die Kirche immer den tatsächlichen Ehewillen berücksichtigt, wird auch eine nicht schriftlich und ohne Erlaubnis des Ordinarius angebrachte Bedingung die Ehe ungültig machen, sofern sie wirklich, ausdrücklich oder stillschweigend, gesetzt und bis zur Eheschließung nicht widerrufen wurde.

Beispiel:

Anna lernte ihren zukünftigen Mann beim Tennisspielen kennen. Es entwickelte sich eine gute Bekanntschaft, die sehr bald mit der Verlobung besiegelt wurde. Anna schätzte Eduard, so hieß ihr Bräutigam, vor allem wegen seiner Ritterlichkeit, seiner Geistigkeit, seiner schlanken, edlen Gestalt und seiner feinen Umgangsformen. Auch Annas Eltern waren von ihm begeistert. Eines Tages hörte Anna jedoch von ihrer Freundin Ilse, daß ihr Mann Eduard für homosexuell halte. Er habe auch deshalb seine Stelle als Deutschprofessor an einem Gymnasium verloren. Anna war darüber sehr aufgebracht, aber Ilse meinte, es könne auch nur so ein Gerede sein. Da fragte Anna eines Tages Eduard selbst, ob er auch Männerbekanntschaften habe, etwa homosexuell veranlagt sei. Eduard lachte sie einfach aus. Es gelang ihm, Annas Bedenken völlig zu zerstreuen. Auch Ilse war erleichtert, als sie erfuhr, daß ihr Mann sich geirrt hatte. So wurde der Hochzeitstermin festgesetzt. Annas Vater fragte seine Tochter besorgt, ob sie sich die Heirat wohl überlegt habe. Anna antwortete ohne Umschweife mit Ja. Denn, sagte sie, einen Homosexuellen würde sie nie heiraten, Eduard sei ganz normal. Annas Vater war erleichtert, er hatte auch von dem Gerücht gehört und war darüber erschrocken. Nach der Heirat war Anna oft allein. Eduard reiste viel, war in Künstlerklubs, bei Kongressen und beruflich viel unterwegs. Eines Tages fuhr Anna zu einer Freundin, um ihr bei der Geburt des 4. Kindes ein wenig auszuhelfen. Als sie aber vorzeitig in die eheliche Wohnung zurückkam, war Eduard mit seinem Freund Max anwesend. Sie hörte durch die Türe, wie die beiden stritten. Und sie stritten darüber, daß Eduard geheiratet hatte, also ihm, Max, untreu geworden war. – Dies reichte Anna aus, um völlige Klarheit über Eduards homosexuelle Anlage zu haben. Sie kehrte zu ihren Eltern zurück und reichte die Scheidung ein.

Beweis: Zum Beweis einer sich auf die Gegenwart oder Vergangenheit beziehenden Bedingung sind folgende Elemente notwendig:

a) Die Bedingung muß vor der Ehe gesetzt worden sein;

b) das Objekt der Bindung muß genau feststehen;

c) vorehelicher Zweifel an der zur Bedingung erhobenen Eigenschaft;

d) es darf vor der Ehe die Bedingung nicht widerrufen werden, und

e) die Bedingung muß sich nach der Ehe erfüllen.

In unserem Beispiel sind alle fünf Elemente vorhanden: Anna hörte von der möglichen Homosexualität des Bräutigams, sie zweifelte daran (c), sie setzte die Bedingung, einen Homosexuellen niemals zu heiraten (a), das Objekt der Bedingung war die Homosexualität Eduards (b), die Bedingung wurde vor der Hochzeit nicht widerrufen, auch nicht, als der Vater sie nochmals fragte (d), und Eduard war tatsächlich homosexuell (e).

Außerdem ist noch erforderlich, daß es sich um eine wichtige Sache handelt. Die Homosexualität ist zweifellos eine wichtige Sache, objektiv und auch subjektiv. Denn Anna legte vor der Hochzeit großen Wert darauf, daß Eduard nicht homosexuell sei. Eine Bedingung: »Ich heirate dich nur, wenn du niemals Halsweh hattest«, kann subjektiv ernst gemeint und dringend gewünscht sein, ist aber rein objektiv keine wichtige Sache.

Es ist zum vollen Beweis notwendig, daß alle unter a bis e angeführten Elemente vorhanden sind. Die einzelnen Elemente müssen nicht alle gleich stark vorhanden sein, es kann das eine oder andere überwiegen, aber fehlen darf keines.

Ausschlaggebend ist weiterhin die Reaktion dessen,

der die Bedingung setzte, sobald er von der Erfüllung der Bedingung erfahren hat. Anna hat Eduard sofort verlassen, das spricht für die Anbringung der Bedingung vor der Ehe. Wenn aber jemand kaum oder gleichgültig reagiert, müssen alle anderen Elemente des Beweises stärker ausgebildet sein, um das fehlende nacheheliche Kriterium zu ersetzen. Es können z.B. auch andere Gründe eine sofortige Trennung verhindern, ohne daß deshalb die Enttäuschung über die Erfüllung der Bedingung vergeht.

Anderes Beispiel:

Salvator war schon 28 Jahre alt, als seine Mutter ihm vorhielt, er solle doch heiraten, sie sei kränklich, und wenn sie tot wäre, stünde er ganz allein da. Salvator war aber nicht gewillt zu heiraten, er meinte, in einer Großstadt könne man kein anständiges Mädchen finden, und so eine leichte Person wollte er nicht zur Ehefrau. Als aber die Mutter eine entfernte sizilianische Verwandte traf, deren Tochter noch ledig war, redete sie Salvator zu, das Mädchen, Lina, das anständig war, zu heiraten. Salvator gehorchte, machte einen Heiratsantrag, und zu seinem Erstaunen willigte Lina sofort ein. Die Hochzeit wurde sogar mit Dispens vom ehelichen Aufgebot vorgenommen, um keine Zeit zu verlieren. In der Hochzeitsnacht merkte Salvator jedoch – und Lina gestand es auch sofort ein –, daß sie neun Jahre lang ein intimes Verhältnis mit einem jungen Mann gehabt hatte, der sie dann sitzenließ. Auf dem rechten Busen hatte sie sogar den Vornamen »Aldo« dieses Mannes eintätowiert. Dies war Salvator zu viel. Die Ehe dauerte nur drei Monate. Er machte seiner Mutter heftige Vorwürfe und fühlte sich nach Aufdeckung des Schwindels keineswegs mit Lina verheiratet. Er trennte sich von Lina und lebt seither allein und ohne vorläufige Absicht, nochmals zu heiraten.

Beweis: Auch in diesem Beispiel sind alle Beweiselemente vorhanden, nur anders gelagert. Die Bedingung »nur ein anständiges Mädchen zu heiraten« (b) wurde gesetzt, bevor Salvator Lina kennenlernte (a), nämlich als Antwort auf das Drängen der Mutter, zu heiraten. Da die Mutter auch versicherte, Lina sei ein anständiges Mädchen, zweifelte Salvator nicht positiv an der Anständigkeit (c), sondern lediglich negativ. Er war sich der Anständigkeit Linas sicher. Er zweifelte negativ, d. h., er setzte die Bedingung damals, um sich vor Überraschungen zu schützen. Durch die Überzeugung, in Lina ein anständiges Mädchen gefunden zu haben, wurde die Bedingung nicht widerrufen (d). Weil aber Lina nicht anständig war, erfüllte sich die Bedingung (e).

Auch die anderen Elemente, daß nämlich die Anständigkeit der Braut subjektiv angestrebt und objektiv eine wichtige Sache darstellt, sind ausreichend in unserem Beispiel vorhanden. Am stärksten ist das nacheheliche Kriterium, das Verhalten Salvators, ausgeprägt, der Lina sofort ablehnte, als er von dem Verhältnis mit Aldo erfuhr.

Wegen des bloß negativen Zweifels an dem Objekt der Bedingung (die Anständigkeit von Lina) nähert sich diese Form der Bedingung der Rechtsfigur des »error redundans«, bei dem mehr auf die Eigenschaft als auf die Person des Ehepartners Wert gelegt wird. Ein geringfügiger Unterschied besteht jedoch darin, daß es beim Eigenschaftsirrtum doch mehr um die Eigenschaft geht und bei der Bedingung, die schon vor dem Kennenlernen des zukünftigen Ehepartners gesetzt wird, doch danach gestrebt wird, die Person mit der Eigenschaft in Einklang zu bringen. Der Unterschied ist gering, und oft wird die Ehe auch aus beiden Nichtigkeitsgründen (Irrtum und Bedingung) angeklagt, um sicherer zum Ziel zu gelangen.

Achtung: Wenn Anna im ersten Beispiel und Salvator im zweiten Beispiel, ohne vor der Ehe eine Bedingung gesetzt zu haben, nach der Ehe auf die Homosexualität von Eduard und die Unanständigkeit von Lina draufgekommen wären und etwa ausgerufen hätten: »Wenn ich das gewußt hätte, dann hätte ich niemals geheiratet«, dann schlossen sie trotzdem eine gültige Ehe. Denn eine sogenannte »conditio interpretativa« macht die Ehe nicht ungültig, weil sie ja wirklich vor der Ehe nicht gestellt wurde. – Es kann sich um Betrug handeln, der im neuen Recht rechtserheblich sein wird (vgl. oben S. 50).

Ebenso ist die Ehe gültig, wenn Salvator Lina vor der Ehe längere Zeit gekannt und diese, ohne Anbringung einer ausdrücklichen Bedingung, nur ein anständiges Mädchen zu heiraten, nur deshalb geheiratet hätte, *weil* sie anständig war oder ihm zumindest anständig vorkam. Ein falsches Heiratsmotiv (causa falsa) macht die Ehe nicht ungültig, es handelt sich hier um einen einfachen Irrtum, aufgrund dessen die Ehe geschlossen wurde. Auch hier könnte eventuell Betrug vorliegen (vgl. oben S. 50), wenn die Voraussetzungen dafür gegeben sind.

Die *eigentliche Bedingung* oder Bedingung im engeren Sinn erstreckt sich auf die Zukunft.

Darüber bestimmt der geltende c. 1092:

»1. Eine Bedingung, die sich auf die Zukunft bezieht und deren Gegenstand etwas Notwendiges, Unmögliches oder Unerlaubtes ist, das aber nicht dem Wesen der Ehe widerspricht, gilt als nicht beigefügt;

2. eine Bedingung, die sich auf die Zukunft bezieht und deren Gegenstand gegen das Wesen der Ehe verstößt, macht die Ehe ungültig;

3. eine Bedingung, die sich auf die Zukunft bezieht und deren Gegenstand etwas Erlaubtes ist, läßt die Ehe vorerst in Schwebe.«

Zu 1 muß erläutert werden, daß die aufgezählten Arten der Bedingungen als nicht beigefügt gelten, die Ehe daher trotz Anbringung einer solchen Bedingung gültig ist. Eine notwendige Bedingung kann lauten: Ich heirate dich nur, wenn das Wasser naß ist; eine unmögliche: Ich heirate dich nur, wenn du nie mehr schläfst; eine unerlaubte: Ich heirate dich nur, wenn du deine Mutter umbringst.

Zur 2., der sogenannten auflösenden Bedingung (Resolutivbedingung), muß hinzugefügt werden, daß sie mit dem positiven Ausschluß einer wesentlichen Eigenschaft der Ehe identisch ist. Nur wird der positive Ausschlußwille in Form einer Bedingung kundgetan, was das Beweisverfahren erleichtert. Diese Art von Bedingung wird daher mit Recht im neuen Kodex nicht mehr aufscheinen.

Ein Beispiel möge das verdeutlichen. Eva sagt zu Otto: Ich heirate dich nur, wenn du von deinem Vater als Alleinerbe eingesetzt wirst. Eigentlich hat Eva aber gesagt: Wenn du nicht Alleinerbe wirst, trenne ich mich wieder von dir. Damit hat sie vor der Ehe positiv die Unauflöslichkeit der Ehe ausgeschlossen.

Unter 3 versteht man eine aufschiebende Bedingung (Suspensivbedingung), die die Ehe erst mit dem Eintritt der Bedingung gültig werden läßt. Der Vollzug der Ehe vor Eintritt der Ehe ist unerlaubt, macht aber die Ehe nicht gültig. Eine aufschiebende Bedingung kann etwa lauten: Ich heirate dich erst, wenn du deinen Doktor gemacht hast!

Im neuen Recht werden die unter 1.–3. aufgezählten Arten von Bedingungen alle ausnahmslos die Ehe ungültig machen (vgl. Schema c. 1056 § 1). Damit kommt dem freien, d. h. von jeder Bedingung freien Ehewillen in Zukunft eine erhöhte Bedeutung zu.

Wenn die Gültigkeit der Ehe von der Erbringung einer Leistung durch den anderen Ehepartner abhängig gemacht wird, spricht man von einer *Potestativbedingung.*

Beispiel einer Potestativbedingung:

Günther und Annemarie studierten beide Medizin. Günther war katholisch und stammte aus einer sehr frommen Familie. Annemarie war Jüdin, der katholischen Kirche gegenüber aber gutgesinnt. Die beiden verliebten sich, trafen sich fast täglich und waren glücklich. Aber sie hatten nicht denselben Glauben. Da fragte Günther eines Tages Annemarie, ob sie auch katholisch werden würde. Annemarie war allen Religionen gegenüber gleich eingestellt. Sie meinte, das würde ihr kaum etwas ausmachen. Hocherfreut über diese Antwort meinte Günther, daß er sie auch heiraten könnte, wenn sie katholisch werden würde. Annemarie versprach, katholisch zu werden, und begann mit dem Konvertitenunterricht. Nach der Ehe, die mit Dispens vom Hindernis der Religionsverschiedenheit geschlossen wurde, kamen einige Kinder, Günther hatte seinen Beruf, und Annemarie beschäftigte sich mit einer Unmenge Dinge, nur katholisch wurde sie nicht. Das hat Zeit, dachte sie. Da lernte Günther plötzlich in einer Bibelrunde Agnes kennen und immer mehr lieben. In Agnes fand er jene religiöse Harmonie, die ihm bei Annemarie fehlte. Die Ehe zerbrach. Günther versuchte auch die kirchliche Nichtigkeitserklärung seiner Ehe, weil er nur unter der Bedingung geheiratet habe, daß Annemarie katholisch würde.

Beweis: Beim Beweis einer Potestativbedingung wird gewöhnlich nicht untersucht, ob die vor der Ehe geforderte Leistung (katholisch zu werden, das Trinken aufzugeben, einen bestimmten Beruf zu ergreifen usw.) auch tatsächlich erbracht wurde oder nicht, sondern es wird – um den Schwebezustand bis zur Erfüllung der Bedingung nicht auf unbestimmte Zeit hinauszuschieben – das Versprechen des anderen Ehepartners, der die Bedingung zu erfüllen hatte, zum Objekt der Bedingung gemacht. Es kommt einzig und allein auf die Ehrlichkeit des vorehelichen Versprechens an. Wenn Annemarie vor der Heirat mit Günther ehrlich versprochen hat, in der Ehe katholisch zu werden, und auch die ehrliche Absicht dazu hatte, dann ist die Ehe gültig, auch wenn nachher aus irgendeinem Grund das Versprechen nicht erfüllt wurde. Hat Annemarie jedoch das Versprechen nur rein formell abgegeben, damit sie Günther nicht verliert oder damit er beruhigter ist, in Wahrheit aber gedacht, katholisch werde ich nie, diese Religion sagt mir gar nicht zu, so ist die Ehe ungültig, und zwar schon von Anfang an, ohne daß auf die Erfüllung der Bedingung während der Ehe zu achten ist.

Die Ehe zwischen Annemarie und Günther ist also nur dann nichtig, wenn Annemarie nicht ernstlich vorhatte, katholisch zu werden, und ein falsches Versprechen abgab. Die Glaubwürdigkeit der das Versprechen abgebenden Partei muß im Beweisverfahren genau untersucht werden.

Auch bei der Potestativbedingung werden die vorehelichen Kriterien untersucht: Ob es sich objektiv beim Objekt der Bedingung um eine wichtige Sache handelte und ob subjektiv derjenige, der die Bedingung stellte, auch einen erhöhten Wert auf die Erfüllung dieser Bedingung legte. Ebenso entscheidend ist das nacheheliche Kriterium des Verhaltens dessen, der die Bedingung setzte, sobald er zum erstenmal erfuhr, daß seine Bedingung niemals erfüllt werden würde.

Der Beweis gelingt auch in unserem Beispiel leichter, wenn z. B. Günther während der Ehe Annemarie ständig drängte, nun doch endlich katholisch zu werden, als wenn ihm ihre Konversion völlig gleichgültig war.

Achtung: Wenn Günther Annemarie auf alle Fälle

heiraten wollte, aber vor der Ehe zu ihr sagte: „Weißt du, wir heiraten, aber du tust mir den Gefallen und wirst katholisch.« Wenn Annemarie dazu ganz einfach ja sagte, so ist die Ehe gültig. In diesem Fall handelt es sich lediglich um eine *Auflage* (modus), die dem bereits perfekten Ehewillen nur hinzugefügt wurde und bei deren Nichterfüllung die Ehe gültig bleibt.

Ebenso ist die Ehe gültig, wenn Günther vor der Ehe zu Annemarie sagte: »Ich möchte dich sofort heiraten, aber meine Eltern möchten, daß du katholisch wirst. Wir heiraten auf alle Fälle, aber zuerst mußt du katholisch werden. Es ist ja nur eine Formalität.« Wenn sich Günther mit diesen oder ähnlichen Worten ausdrückte, ist die Ehe absolut gültig. Denn es handelte sich bestenfalls um eine Vorbedingung (praerequisitum oder postulatum) zum Eheabschluß, nicht aber um eine richtige Bedingung.

Der Unterschied zwischen Bedingung und Vorbedingung (postulatum) ist nicht immer leicht zu erkennen. Als Grundsatz gilt jedoch, daß bei jeder Bedingung derjenige, der die Bedingung setzte, seinen Ehewillen von der Erfüllung oder Nichterfüllung der Ehe abhängig machte. Bei der Vorbedingung (postulatum) steht der Ehewille bereits fest, nur der Abschluß der Ehe – früher oder später – wird von der Erfüllung der Bedingung abhängig gemacht.

Anderes Beispiel einer Potestativbedingung:

Anton war mit Luise verlobt und hatte nach der Heirat eine gute Stelle in Amerika in Aussicht. Luise war das einzige Kind. Die Eltern liebten sie abgöttisch, und auch sie hing sehr an den Eltern und der Heimat. Antons Vorschlag, gemeinsam nach der Heirat nach Amerika zu ziehen, hielt sie für absurd. Es gäbe schließlich auch in Europa gute Stellenangebote. Als Luise aber einsah, daß Anton von dem amerikanischen

Projekt niemals abrücken würde und unbedingt wollte, daß sie mitkäme, gab sie nach und erklärte sich bereit, nach der Trauung mit ihm nach Amerika zu fahren. Nach der Hochzeit fuhr Anton voraus, er besorgte die notwendigen Dinge für den ehelichen Hausstand, sandte Fotos von Amerika, seiner Fabrik, dem Haus mit dem Garten usw. Aber Luise zögerte mit der Reise. Auf Drängen von Anton meinte sie, ihre Eltern seien sehr kränklich, sie könne im Moment noch nicht weg. Als aber ein Jahr verstrichen war und Luise immer noch nicht in Amerika ankam, kehrte Anton nach Europa zurück, um Luise einfach zu holen. Zu seinem größten Erstaunen stellte er jedoch fest, daß Luise überhaupt nicht nachkommen wollte. So zog er allein wieder zurück, tief enttäuscht über Luises Verhalten. Als er die Amerikanerin Mary kennenlernte, versuchte er seine Ehe für nichtig erklären zu lassen.

Beweis: In ganz seltenen Fällen kommt es auch vor, daß derjenige, der die Bedingung setzte, die Erfüllung der Leistung selbst und nicht nur das Versprechen dazu zum Objekt der Bedingung auswählt. Dies hängt vom Willen des Ehewerbers ab, der die Bedingung stellte.

Wenn nun Anton die Reise Luises nach Amerika zum Gegenstand der Bedingung erhoben hat, so ist die Ehe nichtig, wenn bewiesen werden kann, daß Anton vor der Ehe die Gültigkeit seiner Ehe von der Nachfolge Luises abhängig gemacht hatte, daß er Luise niemals geheiratet hätte, wenn er sicher gewußt hätte, daß sie ihm nicht nachfolgen würde. Durch Parteien- und Zeugenaussagen muß eindeutig hervorgehen, daß Anton bereits vor der Ehe von Luise verlangte und auch damit rechnete, daß sie mit ihm nach Amerika ziehen werde. Die Bedingung war für Anton erfüllt, als er, von Amerika zurückgekehrt, sicher wußte, daß Luise ihm nicht folgen würde. Er fühlte sich im Gewissen frei und unverheiratet. Das nacheheliche Kriterium, nämlich die

Reaktion dessen, der die Bedingung setzte, bei der Erfüllung der Bedingung, erleichtert wesentlich das Beweisverfahren.

Es ist nicht notwendig, daß der Ehewerber, der die Bedingung stellte, bei Erfüllung oder Nichterfüllung der Bedingung auch seine Ehe für nichtig hält. Es reicht aus, daß er sich frei, nicht mehr an den anderen Partner gebunden fühlt. Es kann lange dauern oder auch unterbleiben, daß jemand über die Möglichkeit der Nichtigkeitserklärung seiner Ehe aufgeklärt wird.

Achtung: Wenn Anton über Luises Weigerung, nach Amerika zu fahren, so unglücklich gewesen wäre, daß er in Europa blieb und dort eine Stelle annahm, ist die Ehe gültig. Er hat entweder seine Bedingung widerrufen, oder es handelte sich nur um einen Wunsch, eine Auflage, die dem Willen, Luise auf alle Fälle zu heiraten, nur hinzugefügt wurde.

Alle Arten von Bedingungen müssen nicht unbedingt ausdrücklich, mit eindeutigen Worten, angebracht werden, sie können auch implizit, durch das Verhalten, Vorschriften, Landessitten oder andere Umstände erkennbar werden. Fakten beweisen oft mehr als bloße Worte.

13. EHEVERTRAGSUNFÄHIGKEIT

Unter diesen Begriff fallen nach der neuesten Rechtsprechung der S. R. Rota alle jene geistigen und psychischen Defekte, die den Ehewillen direkt beeinträchtigen, so daß ein gültiger Ehevertrag gar nicht zustande kommen kann. Die Ehevertragsunfähigkeit bezieht sich auf das »matrimonium in fieri«, nämlich auf den durch einen Verstandes- und Willensakt entstehenden Ehevertrag.

Wer nun des Vernunftgebrauchs oder des Urteilsvermögens entbehrt, ist schon nach dem Naturrecht nicht in der Lage, einen gültigen Ehewillen abzugeben. Das geltende Gesetzbuch reiht die geistigen und psychischen Defekte nicht ausdrücklich unter die ehelichen Willensmängel ein, leitet sie aber aus dem c. 1081 § 1 ab:

»Damit eine Ehe zustande kommt, ist nötig, daß rechtsfähige Brautleute in übereinstimmender Weise ihren gegenseitigen ehelichen Willen in gesetzlicher Form kundgeben. – Dieser eheliche Wille kann durch keine menschliche Macht ersetzt werden.«

Im neuen Recht wird unter Beibehaltung des c. 1081 § 1 (vgl. Schema c. 1010 § 1) die Ehevertragsunfähigkeit näher definiert:

»Zum Eheabschluß sind unfähig: 1. diejenigen, die aufgrund von Geisteskrankheit oder schwerer seelischer Störung (perturbatio animi) überhaupt des Vernunftgebrauches entbehren und daher keinen Ehekonsens abgeben können; 2. die einen schweren Mangel des Urteilsvermögens hinsichtlich der Übergabe bzw. Annahme der ehelichen Rechte und Pflichten aufweisen« (Schema c. 1048 § 1 und § 2).

13.1 Amentia habitualis

Unter »amentia habitualis« versteht man alle Geisteskrankheiten, Psychosen, psychischen Krankheiten, *die den Vernunftgebrauch ausschließen.*

13.1.1 Schizophrenie

Die häufigste Form der Geisteskrankheit ist die Schizophrenie, die als Schizophrenia simplex, Hebephrenie, Katatonie und als wahnhafte (paranoide) Form auftreten kann.

Beispiel:

Josepha lernte Bruno kennen, als sich dieser als Militärarzt in ihrer Heimatstadt aufhielt und die Soldaten zu betreuen hatte. Beide verliebten sich ineinander. Bruno war jedoch sehr eifersüchtig und oft auch etwas komisch. Nach längerer Bekanntschaft wollte Josepha das Verhältnis etwas abkühlen lassen, die übertriebene Eifersucht von Bruno störte sie. In der Tat begleitete sie Bruno auch in die hl. Messe und hängte sich während des Gottesdienstes in sie ein. Er ging mit ihr zur hl. Kommunion und verfolgte den die Hostien verteilenden Priester mit eifersüchtigen Blicken. Er drohte mit Selbstmord, wenn Josepha von einer Lösung der Verlobung sprach. Josephas Eltern fanden Bruno recht nett, jedoch etwas einsilbig. Sie trafen ihn eines Tages auf der Straße, er sah nach unten, gestikulierte und starrte mit den Augen ins Leere. Die Eltern waren sehr verwundert, da sie es aber eilig hatten, wurden nicht viele Worte gewechselt. Schließlich wurde Bruno auch mißtrauisch, er bildete sich ein, alle wären gegen ihn und wollten die Hochzeit verhindern. Während der Hochzeitsvorbereitungen erblickte Josephas Schwester Bruno in der Küche und wunderte sich, daß er mit ihr nicht sprach, daß er mit sich allein sprach, heftig gestikulierte und einen Stuhl nach dem anderen auf den Tisch stellte. Als er sie dann bemerkte, lief er eilig davon, kehrte wieder und machte das Kreuzzeichen. Während des Brautexamens und auch am Traualtar machte Bruno einen abwesenden Eindruck. Das junge Paar bezog eine eigene Wohnung, die Ehe wurde jedoch wegen Brunos merkwürdiger Art, sich zu benehmen, nicht glücklich. Josepha nahm sich zusammen, sie schob alles auf Brunos Kriegserlebnisse und hoffte auf Besserung. Als Bruno dann aber ohne Grund ein Flugzeug bestieg, um in London einen anderen Beruf zu ergreifen, wurde er in eine psychiatrische Klinik eingeliefert. Die Diagnose lautete: Schizophrenie (Hebephrenie mit paranoiden Zügen). Nach einigen Monaten wurde er entlassen, jedoch in Abständen wieder eingeliefert. Josepha ließ sich scheiden und versuchte die kirchliche Nichtigkeitserklärung.

Beweis: Die Ehe wird wegen Schizophrenie dann für nichtig erklärt, wenn, nach dem Urteil der ärztlichen Sachverständigen, vor und nach der Eheschließung der psychiatrische Ausbruch der Krankheit festgestellt werden kann. Unter psychiatrischem Ausbruch der Schizophrenie versteht man jenen, der nur von den Ärzten wahrgenommen wird, nicht aber von Laien. Laien bemerken den Ausbruch der Krankheit gewöhnlich erst in einem fortgeschrittenen Stadium.

Die Rechtsprechung stellt die Vermutung auf, daß bei vor- und nachehelichem Auftreten der Krankheit diese auch im Zeitpunkt der Eheschließung gegeben war. Sollte also die Ehe im Zeitpunkt »lichter Augenblicke« (sog. lucida intervalla) oder während eines mehr oder minder deutlich ausgebildeten Remissionsstadiums geschlossen worden sein, wird die Ungültigkeit der Ehe vermutet. Diese Vermutung kann durch eindeutige Gegenbeweise entkräftigt werden, nämlich, daß der Ehepartner im Moment der Heirat völlig gesund war.

Die Ehe zwischen Bruno und Josepha ist also dann nichtig, wenn das voreheliche merkwürdige Verhalten von Bruno während des Eheprozesses von den ärztlichen Sachverständigen als deutliches Anzeichen bereits ausgebrochener Schizophrenie erkannt wird. Die Schizophrenie darf nicht nur latent vorhanden gewesen, sondern muß bereits vor der Ehe ausgebrochen sein.

Es ist nicht nötig, daß bereits vor der Eheschließung einer oder mehrere Ärzte das Verhalten des Ehewerbers als schizophren feststellten. Es genügt, daß das Urteil über den vorehelichen ärztlichen Ausbruch der Krankheit nach der Ehe gefällt wird, meist während des kirchlichen Verfahrens.

Eindeutige Anzeichen von Schizophrenie sind:

Gefühlsverarmung, Gefühlsstumpfheit, Interesselosigkeit für die Umgebung; Lahmheit des Willens;

Auftreten von Wahnideen, Sinnestäuschungen, Ambivalenz der Gefühle: Haß und Liebe derselben Person gegenüber; unbegründete Eifersucht; Verfolgungsideen; Sprunghaftigkeit; unmotivierte Handlungen und Äußerungen.

Achtung: Wenn vor der Eheschließung überhaupt keine Anzeichen von Schizophrenie vorhanden waren, auch nicht diejenigen eines psychiatrischen Ausbruchs, wenn sich die Krankheit höchstens im Anfangsstadium, nicht aber im Entwicklungsstadium befand und erst nach der Ehe ausbrach, ist die Ehe gültig.

Der Beweis wird durch Parteien- und Zeugenaussagen erhoben, wobei den Aussagen der Ärzte, die den Ehewerber vor der Hochzeit oder auch nachher, noch vor Beginn des Eheprozesses, behandelt haben, ein hoher Wert beigemessen wird. Sie dürfen nicht als ärztliche Sachverständige im Prozeß selbst herangezogen werden, mit ihren Aussagen und klinischen Unterlagen müssen sich jedoch die vom Gericht bestellten Sachverständigen auseinandersetzen.

13.1.2 Paranoia (Wahnsinn)

Reiner Wahnsinn, losgelöst von Schizophrenie, manisch-depressivem Irresein oder Psychopathie, kommt selten vor. Die reine Form des Wahnsinns als konstitutionelle Anomalie ist gekennzeichnet durch das Auftreten von fixen und systematisierten Wahnideen (Delirium), die das Bewußtsein trüben. Die hauptsächlichsten Wahnideen sind Verfolgungswahn, Eifersuchtswahn und Größenwahn.

Wenn die Ehe im Zeitpunkt des systematischen Deliriums geschlossen wurde, ist sie auf alle Fälle nichtig. Das voll ausgebildete Wahnsystem muß jedoch durch ein oder mehrere ärztliche Gutachten bewiesen werden.

Beim Wahnsinn gibt es keine »lichten Augenblicke«, keine Remissionsstadien. Nach der vollen Ausbildung der Krankheit bleibt sie stationär, ohne Aussicht auf Heilung.

13.1.3 Manisch-depressives Irresein

Beim manisch-depressiven Irresein wechseln im Patienten manische und depressive Phasen ab. In der manischen Phase besteht erhöhter Rededrang, ungewöhnliche Geschäftigkeit, gesteigertes Bewegungsbedürfnis, sexuelle Enthemmung; bisweilen steigert sich die Erregung bis zu Tobsuchtsanfällen. Auch lang andauernde Schlaflosigkeit ist typisch für die manische Phase, während in der depressiven Phase die gegenteiligen Phänomene auftreten: Der Patient versteckt sich, ist traurig, langsamer Auffassung, spricht oft überhaupt nicht, ist pessimistisch und melancholisch. Berufliche Aufgaben werden vernachlässigt. Abulie, Angstzustände, Todesahnungen und Todeswünsche treten auf. Oft wird auch Selbstmord verübt.

Beispiel:

Hubert war Komponist und Musiker. Dieses musische Talent und eine manisch-depressive Anlage erbte er von seiner Mutter. Während des Musikstudiums war er oft todunglücklich, er tat nichts, hielt sich für nichts tauglich. Seine Geschwister und Bekannten redeten ihm gut zu, es half jedoch nicht viel. Dann kam es auch vor, daß er ganz erregt herumlief, wirres Zeug sprach und auf Befragen antwortete, er wüßte nicht, was er habe. Als er Laura kennenlernte, war er an einem Tiefpunkt seiner Depressionen angelangt. Denn knapp zuvor starb seine Freundin Augusta. Laura war Musiklehrerin in einer Schule. Das faszinierte Hubert. Er verliebte sich Hals über Kopf in Laura, schwängerte sie und, entsetzt über die Schwangerschaft, drängte er auf sofortige Heirat, damit niemand etwas von der

Schwangerschaft erführe. Alle waren verwundert über die überstürzte Hochzeit. Das Kind wurde in der Ehe geboren, starb aber noch in jungen Jahren. Bald danach zerbrach auch die Ehe, es fehlte das gemeinsame Band. Laura versuchte ihre Ehe für nichtig erklären zu lassen.

Beweis: Es ist äußerst schwierig, bei manisch-depressivem Irresein ein positives Urteil zu erhalten. Denn die Krankheit ist heilbar. Es gibt richtige Remissionsstadien. In dieser Zeit ist der Ehewerber völlig gesund. Es genügt daher beim manisch-depressiven Irresein nicht, zu beweisen, daß die Krankheit – wie es bei der Schizophrenie möglich ist – vor und nach der Heirat auftrat. Die Rechtsprechung vermutet hier das Gegenteil, nämlich die Freiheit von der Krankheit im Zeitpunkt der Eheschließung.

Eine akute und schwere depressive Phase zu beweisen, ist äußerst schwierig. Leichter gelingt es – wie in unserem Beispiel –, eine akute und schwere manische Phase im Zeitpunkt der Hochzeit zu beweisen. Die Ehe eines manisch-depressiv Irren ist nur dann ungültig, wenn der eindeutige Beweis gelingt, daß bei Vorliegen einer akuten Phase (manisch oder depressiv) geheiratet wurde. Dies muß durch ärztliche Sachverständige nachgewiesen werden.

Auch die Ehe zwischen Hubert und Laura kann nur dann ungültig erklärt werden, wenn der Beweis gelingt, daß sich Hubert im Zeitpunkt der Hochzeit in einer ausgeprägten, starken manischen Phase befand, die seinen Vernunftgebrauch beeinträchtigte.

13.1.4 Chronischer Alkoholismus

Da es sich beim chronischen Alkoholismus um eine progressive Krankheit handelt, die zwangsweise zur Geistesverwirrung und moralischen Abgestumpftheit führt, kann eine Ehe, die im Zustand des chronischen Alkoholismus geschlossen wurde, auch dann für nichtig erklärt werden, wenn die Diagnose erst Jahre nach der Hochzeit gefällt wird. Es genügt, daß in der Zeit des Eheabschlusses deutliche Anzeichen von Geistesverwirrung, Delirium, Halluzinationen, Erregungszuständen, Selbstmordabsichten, auch Einweisung in eine Heilanstalt vorlagen.

Diese Anzeichen müssen jedoch von ärztlichen Sachverständigen unter Berücksichtigung der Dauer und des Schweregrades des alkoholisierten Zustandes als Kennzeichen eines im Moment der Eheschließung vorhandenen chronischen Alkoholismus erklärt werden.

13.1.5 Chronische Gifteinwirkungen (Intoxikationen)

Chronische Gifteinwirkungen kommen im kirchlichen Eheprozeß selten vor. Zur Nichtigkeitserklärung der Ehe ist eine solche Abhängigkeit von Suchtmitteln notwendig, daß dadurch Verstand und Wille des Ehepartners im Zeitpunkt der Heirat vollkommen und unheilbar beeinträchtigt waren. Die psychische Störung des Ehepartners muß nach dem Urteil der Ärzte so weit fortgeschritten sein, daß der Patient den Suchtmitteln völlig verfallen ist, so daß an einen Ehewillen gar nicht zu denken ist.

Die häufigsten Suchtmittel sind: Rauschgifte (Narcotica) wie Opium, Morphium, Cocain, Haschisch, Marihuana, dann Hypnotica, schmerzstillende Mittel wie Alkaloide, Analgetica, Beruhigungsmittel, sogenannte Tranquillizer, Phantastica, Antidepressiva, Schlafmittel usw.

Psychische Störungen können auch infolge von Bleivergiftungen (Saturnismus), Quecksilbervergiftung (Mercurialismus) und anderen meist gewerblichen Gifteinwirkungen entstehen.

13.1.6 Paralysis generalis progressiva

Paralysis progressiva ist eine Folge von Syphilis. Sie kann entweder ererbt sein und schon bei Kindern und Jugendlichen auftreten oder durch Ansteckung erworben werden. Dann tritt sie ungefähr 10 bis 15 Jahre später auf. – Sie ist oft auch eine Folge von chronischem Alkoholismus, Tabes (Schwindsucht), und ihre krankhaften Symptome fallen der Umwelt nicht immer als beunruhigend auf.

Paralysis progressiva ist im Anfangsstadium heilbar. Wenn die Ehe im Stadium der fortschreitenden Krankheit geschlossen wurde, ist sie ungültig. Anzeichen einer ausgeprägten Paralyse sind: Delirien melancholischer und hypochondrischer Art, moralische Enthemmung, Neigung zu Delikten, Gefühllosigkeit, auch Gefühlsexzesse, abnormes Verhalten, wie abwechselndes Weinen und Lachen, Nervenstörungen, die sich im Zittern der Hände und in Sprechschwierigkeiten ausdrücken können. Unmotivierte Verschwendungssucht kann auftreten, das Anstandsgefühl verloren werden.

Aber auch wenn vor der Ehe nur geringe Anzeichen der Krankheit vorhanden waren und eindeutigere Merkmale der Paralyse erst nach der Heirat auftraten, kann die Ehe für nichtig erklärt werden. Es muß in diesem Fall jedoch, nach dem Urteil der Ärzte, im Moment der Heirat die Krankheit sich in einem ausgeprägten, ständig fortschreitenden Stadium befunden haben. Wie bei der Schizophrenie muß die Gesundheit des Ehewerbers, der in »lichten Augenblicken« geheiratet hat, genau bewiesen werden. Die Rechtsvermutung spricht für den Fortbestand der Krankheit.

Andere Krankheiten, die auf eine chronische oder akute Infektion zurückgehen, sind *Lues cerebri* und *Encephalitis* (Gehirnentzündung), unter dem Namen »Gehirngrippe« bekannt. Auch die Encephalitis kann zur Verblödung führen. Da sie aber heilbar ist und es im nachhinein schwierig ist, den Grad der Krankheit im Zeitpunkt der Heirat festzustellen, ist ihr im kirchlichen Ehenichtigkeitsverfahren wenig Aussicht auf Erfolg beschieden.

13.1.7 Schwachsinn (Oligophrenia, Phrenasthenia)

Schwachsinn weist mehrere Grade auf. Meist wird er durch Gehirnkrankheit schon im Mutterleib, durch Geburtstrauma oder zur Zeit der Kindheit erworben. Oft ist er auch angeboren.

Wenn Schwachsinn als ehelicher Nichtigkeitsgrund vorgebracht wird, ist jeder einzelne Fall genau zu untersuchen. Nicht jeder Schwachsinnige ist gleich ehevertragsunfähig. Das Recht auf Ehe darf dem Schwachsinnigen nicht ohne weiteres aberkannt werden.

Man unterscheidet drei Kategorien von Schwachsinn: *Debilität* (mentis debilitas, »paupertas spiritus«), Imbezillität und Idiotie. Die eigentliche Geistesschwäche beginnt unterhalb der sogenannten Beschränktheit und fällt ab in die Debilität, mit einem Intelligenzquotienten von 50 bis 70 Prozent der normalen Intelligenz, dann in die Imbezillität (Intelligenzquotient 30 bis 50 Prozent, das ist unter dem von Knaben im Alter von 14 Jahren), und endet mit der Idiotie, die einen Intelligenzquotienten von weniger als 30 Prozent aufweist, ungefähr den von Kindern unter sechs Jahren.

Völlige Idioten sind unfähig, einen gültigen Ehewillen abzugeben. Im allgemeinen kann man sagen, wer einen Intelligenzquotienten von 50 Prozent übersteigt, kann eine gültige Ehe schließen.

Anzeichen von Vollidiotie sind ein von Geburt an gegebener äußerster geistiger Tiefstand. Die Sprache fehlt oder ist mangelhaft entwickelt. Die Kranken sind unsauber, lernen weder lesen noch schreiben, haben eine starke Vitalität, oft unbezähmbare Freßsucht und Geschlechtslust.

Bei Imbezillität besteht meist eine angeborene geistige Schwäche, eine mangelnde Urteilsfähigkeit, Fehlen von höheren ethischen Vorstellungen.

Die Debilität geht allmählich in die landläufige Dummheit oder Schwachbegabung über.

13.2 Amentia actualis

Bei der »amentia actualis« oder »mentis vel animi perturbatio« handelt es sich um schwere psychische Störungen, die *vorübergehend* den Vernunftgebrauch ausschließen.

Darunter fallen Ehewerber, die zum Zeitpunkt der Heirat an Schockeinwirkungen, Trauma cerebrale, reaktiven Psychosen leiden, die sich in einem akuten Verwirrtheitszustand befinden, unter akuter Gift-, Drogen- oder Alkoholeinwirkung stehen, einen Rausch haben, sich akute Infektionen zugezogen haben, in Hypnose befinden, schlafen oder einen akuten epileptischen oder hysterischen Anfall erleiden.

Beispiel:

Klaus kehrte aus dem Zweiten Weltkrieg, den er zum Teil im KZ verbracht hatte, wieder in die Heimat zurück. Er brach sich den Knöchel und, geschwächt durch die lange Kriegszeit und das Lagerleben, bewirkten die Schmerzen des Unfalls, daß er zum Rauschgift griff. Er nahm Morphium und Dolantin. Sein geschwächter Organismus gewöhnte sich rasch an das Gift, das ihn in einen stark euphorischen Zustand versetzte. Er gab sich selbst ungefähr 30 Injektionen im Tag. Um sich das Gift zu beschaffen, war er zu Diebstahl, Betrug usw. fähig. – Als er Elsa kennenlernte, war er bereits dem Rauschgift verfallen. Aber Elsa war unerfahren und merkte nichts davon. Auch war Klaus immer in euphorischem Zustand, wenn er mit Elsa zusammen war. Bei der Heirat war Klaus auf

100 Morphiumspritzen im Tag aufgerückt. Elsa gingen die Augen am Hochzeitstag auf. Es fehlten die Trauringe in der Kirche. Klaus hatte sie am Vorabend versetzt, um Morphium zu erhalten. Am Abend des Hochzeitstages kam die Polizei und verhaftete Klaus wegen Betrugs. Die Ehe dauerte nur sieben Monate, dann konnte Elsa einfach nicht mehr. Klaus mißhandelte sie, verlangte Prostitution von ihr, um zu Geld zu kommen, betrog sie mit anderen Frauen, war imstande, einem Blinden die Zieharmonika zu entreißen, um sich dafür Morphium einzutauschen. Oft wurde er eingesperrt. Endlich wurde er in eine psychiatrische Klinik eingeliefert. – Klaus ist heute vollkommen geheilt. Im kirchlichen Eheprozeß stellte der Sachverständige fest, daß Klaus bei der Heirat durch den unmäßigen Gebrauch der Droge psychisch so gestört war, daß er keinen gültigen Ehewillen abgeben konnte.

Beweis: In dem angeführten Beispiel gelang es, bei Klaus einen vorübergehenden Mangel des Vernunftgebrauches im Zeitpunkt der Ehe nachzuweisen. Dies wird nicht immer bei all den unter »amentia actualis« angeführten Arten von psychischen Störungen der Fall sein. In vielen Fällen, die den Vernunftgebrauch nicht ganz oder auch nicht einmal nur vorübergehend ausschließen, kann die Ehe wegen mangelnden Urteilsvermögens weiterhin untersucht und oft auch positiv entschieden werden.

13.3 Schwerer Mangel des Urteilsvermögens (defectus discretionis iudicii)

Beim schweren Mangel des Urteilsvermögens handelt es sich nicht um die fehlende körperliche Reife, die durch das Hindernis des Alters näher bestimmt wird. Es handelt sich auch nicht um das fehlende Mindestwissen über die Ehe, das wir bereits unter der »Unwissenheit« erörtert haben.

Der schwere Mangel des Urteilsvermögens ist vielmehr dann gegeben, wenn dem Ehewerber die der Ehe angepaßte *kritische Fähigkeit* (facultas critica matrimonio proportionata) fehlt oder diese schwer gestört ist.

Es genügt nicht, rein theoretisch, nur mit dem Verstand über die Ehe informiert zu sein. Auch der bloße Wille, eine Ehe einzugehen, reicht nicht aus, sondern der Ehewerber muß imstande sein, den Wert der konkreten Ehe, ihre Rechte und Pflichten abzuwägen. Er muß, bevor er eine bestimmte Person heiratet, in der Lage sein, kritisch das Pro und Contra der Eheschließung abzuwägen. Erst durch das kritische Urteilen, ob er diese bestimmte Person, mit jenen Anlagen, Vorleben, Religion, finanziellen Verhältnissen, Alter usw. heiraten soll oder nicht, wird der Ehewille eine höchst persönliche Entscheidung, ein Actus humanus. – Es ist jedoch nicht erforderlich, daß jeder Ehewerber den vollen ethischen, religiösen und sozialen, auch juridischen oder ökonomischen Wert der Ehe begreift und mit ins Kalkül zieht, bevor er zum Traualtar schreitet. Das Maß der »facultas critica« liegt in der Proportion zur Ehe als eigener Lebensstand. Nach Thomas von Aquin verlangt die Eheschließung ein höheres Maß von kritischer Fähigkeit, als sie zum Begehen einer schweren Sünde notwendig ist, denn die Ehe dauert ein Leben lang, die schwere Sünde bezieht sich auf eine momentane Handlung. Sie verlangt aber nicht mehr kritische Fähigkeit als der Eintritt in einen religiösen Orden, da die Ehe eine Einrichtung ist, zu der die menschliche Natur sich hingezogen fühlt.

Das Urteilsvermögen oder die kritische Fähigkeit sind dann beeinträchtigt, wenn dem Ehewerber entweder die *Reife des Verstandes fehlt,* die »maturitas iudicii«, also wenn er die Ehe und ihre Folgen nicht kritisch beurteilen und begreifen kann, oder wenn ihm *die Reife des Willens fehlt,* d. h., wenn er innerlich nicht frei, wenn er nicht imstande ist, völlig frei zwischen Heiraten und Nicht-Heiraten zu wählen. Hier spricht man von einem »defectus internae libertatis« oder dem *inneren Zwang.*

Es sei vorausgeschickt, daß der schwere Mangel an Urteilsvermögen heute einer der häufigsten Gründe ist, deretwegen die Nichtigkeitserklärung einer Ehe angestrebt wird. Dieser Nichtigkeitsgrund, wie auch der der weiter unten zu behandelnden Eheführungsunfähigkeit, ist relativ neu. Vor rund 50 Jahren konnte man eine Ehe wohl wegen Geisteskrankheit für nichtig erklären lassen, aber noch nicht wegen der fehlenden Ehevertrags- oder Eheführungsfähigkeit. Diese Nichtigkeitsgründe gibt es erst seit dem Fortschritt der Medizin und Psychologie, der in den letzten Jahrzehnten verzeichnet wurde. Ärztliche Sachverständige, die vom kirchlichen Ehegericht beigezogen werden, können heute genauer über geistige, psychische oder psycho-sexuelle Defekte des Menschen aussagen, so daß das Kirchengericht mit moralischer Sicherheit, die zu jedem Urteilsspruch notwendig ist, und gestützt auf das Urteil der Sachverständigen das Fehlen des ehelichen Willens auch bei Psychopathien, Neurosen, Hysterie, Epilepsie usw. feststellen kann, was in vergangener Zeit noch nicht möglich war.

Andererseits mahnt das erschreckende Zunehmen dieser Ehefälle (in Amerika z. B. bis zu 95 Prozent aller Ehesachen) zur Vorsicht. Nicht jeder Psychopath oder Neurotiker ist auch schon eheunfähig. Die Schwierigkeit liegt darin, daß kaum allgemeingültige Normen aufgestellt werden können, nach denen man sich richten kann.

Zunächst muß nach dem Schweregrad unterschieden werden; wir unterscheiden *Charakteranomalien,* die, wenn sie allein auftreten, den Ehewillen nicht beeinträchtigen. Sie führen nicht zur Ungültigkeit der Ehe. Dann *Psychopathien, Neuropathien* und *Psychosen.* Letztere können, wie schon erörtert, auch einen dauernden oder nur vorübergehenden Mangel des Vernunftgebrauches bewirken.

Bei der Beurteilung der Psychopathien, Neuropathien und eventuell Psychosen ist nach der neuesten Rechtsprechung der S. R. Rota folgendes Kriterium anzuwenden:

Die Anomalie muß *zugleich:*

1. zur Zeit des Eheabschlusses vorhanden gewesen sein;
2. das Objekt oder den Gegenstand des Ehewillens oder zumindest die Natur der Ehe selbst betreffen;
3. schwer ausgeprägt sein;
4. die Ursache des Scheiterns der Ehe sein.

Alle diese Faktoren müssen zugleich vorliegen. Es kann der eine mehr, der andere weniger ausgebildet sein, aber vorhanden müssen sie alle sein, aus den Prozeßakten resultieren und von den ärztlichen Sachverständigen bestätigt werden.

13.3.1 Charakteranomalien

Bloße Charakteranomalien machen die Ehe nicht ungültig. Vor allem dann nicht, wenn sie allein und ohne andere Anomalie auftreten und leicht ausgebildet und verbesserungsfähig sind.

13.3.2 Psychopathien

Psychopathie ist keine Krankheit, sondern nur eine Persönlichkeitsstörung, eine »abnormitas constitutionalis«, die freilich durch die Erziehung, die Umwelt, Schicksalsschläge zu einer schweren psychischen Störung ausarten kann.

Beispiel:

August und Maria besuchten gemeinsam spiritistische Sitzungen. Sie lernten sich dort kennen. Bei diesen Sitzungen ergaben sich oft spiritistische Offenbarungen, himmlische Stimmen, Erscheinungen und ähnliche Phänomene. August, der sich von der katholischen Religion ziemlich entfernt hatte, glaubte an diese spiritistischen Verheißungen. So geschah es, daß eines Tages bei einer solchen Sitzung die Offenbarung erging, August würde Maria heiraten, und aus ihnen würde ein neuer Messias hervorgehen, der in früheren Inkarnationen eine Mischung von Garibaldi und Jesus Christus war. Alle verneigten sich vor der Offenbarung und stimmten zu. Nur August war nicht ganz erfreut darüber. Er hatte vor, in den Orient aufzubrechen und dort mit anderen Bekannten ein Einsiedlerleben zu führen. Er dachte nicht ans Heiraten. Andererseits fühlte er sich aber verpflichtet, dem himmlischen Befehl Folge zu leisten. Sechs Monate später wurde geheiratet, um den neuen Messias zu gebären. Nach einem Jahr wurde jedoch eine Tochter und kein Sohn geboren. Auch das zweite Kind war eine Tochter. Ebenso das dritte. August wurde unsicher, er fühlte sich gedemütigt, beschämt und aufs höchste verwirrt. Die Ehe ging nicht gut weiter. Bald lernte er ein anderes Mädchen kennen und wirklich lieben. Da trennte er sich einfach von Maria. Er ging auch zum kirchlichen Gericht und erhielt ein positives Eheurteil.

Beweis: August war ein fanatisch-paranoider Psychopath. Wenn in seiner Psychopathie nicht alle entscheidenden Faktoren, die für die Nichtigkeitserklärung der Ehe gefordert sind, vorhanden gewesen wären, wäre seine Ehe niemals für nichtig erklärt worden. Denn in den Augen der Umwelt galt er höchstens als Fanatiker.

Aber Augusts Psychopathie war nicht nur im

Zeitpunkt der Ehe vorhanden, sie bewirkte sogar die Eheschließung. Sie bezog sich in eindeutiger Weise auf die Natur der Ehe (Geburt des Messias), war schwer ausgebildet und führte, nachdem drei Töchter kamen, auch zum Bruch der Ehe.

Aus diesem Beispiel wird ersichtlich, daß es bei der Beurteilung der psychischen Ehenichtigkeitsgründe nicht sosehr oder allein auf den medizinischen Aspekt oder gar auf den Namen der Krankheit ankommt, sondern vielmehr auf den juridischen Aspekt, auf das Zusammenwirken aller die Nichtigkeit der Ehe herbeiführenden Faktoren und auf die Berücksichtigung der Umstände des einzelnen Falles.

Es gibt keine eigentliche Definition der Psychopathien, nur verschiedene Beschreibungen. Es handelt sich dabei immer um eine Persönlichkeitsanomalie, eine unharmonische Verteilung der Elemente, die die Persönlichkeit ausmachen (des Instinkts, der Sinne, des Charakters, des Temperaments, der Affekte und des Gefühls), kurzum, das gefühlsinnerliche (endothyme) Fundament der Persönlichkeit weicht von der Norm ab.

Da sich nun die Psychopathien lediglich auf der Instinkt-Affekt-Ebene ausbreiten, greifen sie den Ehewillen direkt nicht an. Dieser gehört der Intellekt- und Willenssphäre an. Daraus erklärt sich die so häufige *negative* Entscheidung der kirchlichen Gerichte, wenn die Ehe wegen Psychopathie angeklagt wird.

Die Psychopathien greifen nur indirekt den ehelichen Willen an, indem sie zu seelischen Krankheiten disponieren und diese Krankheiten dann allein oder durch das Zusammenwirken anderer Anomalien und entstandener Krankheiten das kritische Urteilsvermögen beeinträchtigen oder einen inneren Zwang ausüben.

In unserem Beispiel war August aufgrund seiner psychopathischen Veranlagung zum Spiritismus disponiert und ließ sich dadurch zu fixen Wahnideen hinreißen, die schließlich zur Heirat mit Maria führten, die er aber als normaler Mensch niemals geheiratet hätte.

Wie es keine eigentliche Definition der Psychopathien gibt, gibt es auch kaum eine exakte *Einteilung* der verschiedenen Psychopathien, denn die psychopathischen oder soziopathischen Formen treten kaum rein, sondern fast immer in Mischformen auf.

Es gibt Einteilungen von Psychopathien, die sich nach der äußeren Ähnlichkeit zu den Psychosen und Neurosen richten:
schizothyme oder schizoide Psychopathie,
histeroide Psychopathie,
epileptoide Psychopathie,
paranoide Psychopathie,
obsessive Psychopathie usw.

Bei dieser Einteilung darf die jeweilige Psychopathie aber nicht mit der Krankheit (etwa Schizophrenie) verwechselt werden, deren Namen sie trägt, noch führt sie notwendig zum Ausbruch einer solchen Krankheit.

Eine andere Einteilung unterscheidet:

Psychopathische soziopathische Typen, die durch ihr abnormes Verhalten der Umwelt zur Last fallen und zu Delikten neigen.

Psychopathische neurotische Typen, wie Affektlabile, Triebmenschen, Zwangsmenschen, Willensschwache, Haltlose, Abuliker, Asoziale, Sammelwütige, Exzentrische, Jähzornige (Explosive), verkannte Genies, Geltungsbedürftige, Frühreife (Wunderkinder), Phantasten, Träumer, Utopisten, Weltverbesserer, Volksbeglücker, Demagogen, radikale Extremisten, Fanatiker, Menschenscheue, Exaltierte usw.

Monomanien wie Kleptomanie (krankhafte Stehlsucht), Dipsomanie (krankhafte Trunksucht), Narkomanie (krankhafte Rauschgiftsucht), Pyromanie

(Brandstiftungstrieb); sexuelle Monomanien (krankhafte Geschlechtslust, Satyriasis beim Mann und Nymphomanie bei der Frau).

Sexuelle Psychopathien wie sexuelle Insuffienz (neurasthenia sexualis), bei der eine abnorme Stärke des Geschlechtstriebes vorliegt, wie auch bei pathologischer Ipsation, Exhibitionismus, Fetischismus, Schau-Trieb, »Voyeur – Paraphilie«, Sadismus (aktive Schmerzwollust), Masochismus (passive Schmerzwollust) und Perversionen, bei denen der Geschlechtstrieb in eine abnorme Richtung geleitet ist, wie bei Homosexualität, lesbischer Liebe, Bestialität, Zoophilia, Koprophilie, Nekrophilie, Inzest (Blutschande) usw.

Die sogenannte *konstitutionelle Amoralität* oder moralischer Schwachsinn ist ein Sammelbegriff für psychopathische Persönlichkeiten – haltlose, entgleiste Jugendliche –, denen die höhere ethische Vorstellung völlig fehlt.

Die hier vorgenommenen Einteilungen der verschiedenen Psychopathien sind keineswegs vollständig. Es kommt auch gar nicht darauf an, ob der Ehewerber nun den einen oder anderen Typ der Krankheit verkörpert. Meist wird eine Mischform vorliegen. Für den kirchlichen Richter sind vor allem juristische Kriterien maßgebend, wie oben dargelegt wurde (vgl. S. 87). Auch wird es häufig vorkommen, daß bei Zuziehung mehrerer ärztlicher Sachverständiger und Psychiater (oft sind bis zu fünf oder sechs Gutachter vorhanden), die Diagnose verschieden gefällt wird, weil eben eine klare Abgrenzung der Fälle kaum möglich ist.

13.3.3 Neuropathien

Auch die Einteilung der Neuropathien kann verschieden vorgenommen werden. Es sind Erkrankungen des Nervensystems, bei denen eine anatomische Grundlage nicht nachweisbar ist. Sie sind keine Geisteskrankheiten, doch ist die Grenze nicht immer leicht zu ziehen.

Zur leichteren Orientierung wird folgende Unterscheidung gegeben:

Neurasthenische Erkrankungen: Neurasthenie (Nervenschwäche), Psychasthenie (Schwächung der Seelenkräfte), Hypochondrie (Angst vor Krankheit).

Neurosen im engeren Sinn: Organneurosen, wie Herz-, Magen-, Sexualneurosen; exogene Neurosen, traumatische Neurosen, die auf Unfälle, Schockwirkungen, Kriegserlebnisse, Bombenanschläge oder Explosionen zurückgehen; Zwangsneurose, Angstneurose, Phobien, Zwangsimpulse, obsessive Neurose usw.; Hysterie, hysterische Neurose.

Epilepsie.

Beispiel einer »Neurosis obsessiva«:

Bernhard war äußerst willensschwach, jedoch sehr intelligent. Jeder kannte ihn als einen eifrigen Studenten, und auch als Elektrotechniker stellte er sich gut an. Erst als er Alice kennenlernte, begann sich seine Willensschwäche bemerkbar zu machen. Alice gefiel ihm, aber er hatte eine Abneigung gegen ihre Haare. Sie waren zuwenig dicht, zuwenig lang, und auch die Farbe gefiel ihm nicht. Diese Abneigung gegen die Haare entwickelte sich zu einer fixen Idee in ihm, die ihn vor einer Heirat mit Alice zurückschrecken ließ. Andererseits war er so willensschwach, daß er das einmal begonnene Verhältnis nicht wieder zu lösen imstande war. Er konsultierte Freunde, die Eltern von Alice, Beichtväter, ja sogar Ärzte. Aber niemand war imstande, ihm zu helfen. Er konnte sich nicht entscheiden, ob er heiraten oder Alice aufgeben sollte. Fast alle rieten ihm von der Hochzeit ab. Seine Phobie gegen Alices Haare beherrschte sein ganzes Sinnen und Denken. Noch am Hochzeitstag sagte er zu seiner Mutter: »Ich habe Angst.« Schließlich heiratete er nicht aus Liebe, sondern aus Eifersucht gegen seine eigene Familie. Denn vor ihm haben zwei Schwestern und ein Bruder geheiratet. Der Ekel vor Alices Haaren verbreitete sich allmählich auf die ganze Person von Alice. Trotzdem konnte er sie aufgrund seines psychasthenischen Temperaments, seiner Willensschwäche, nicht verlassen. Die Ehe ging sofort schief. Noch vor der Hochzeitsreise ging er zum Arzt, um sich Rat zu holen. Die Phobie gegen die Haare artete zum Fetischismus aus, so daß er nur bei langem und dichtem Haar zum Orgasmus kam. Er konsultierte auch nach der Ehe Ärzte, Psychiater und Seelsorger. Schließlich wurde ihm auch zur Ungültigkeitserklärung der Ehe geraten. Die Klage mußte aber Alice einbringen.

Beweis: Auch dieses Beispiel zeigt deutlich, daß es beim kirchlichen Ehenichtigkeitsverfahren nicht sosehr auf die exakte medizinische Beschreibung der Krankheit ankommt. Die Sachverständigen sprechen von Abulie, Psychasthenie, Zwangsideen, Phobien, Fetischismus und ähnlichen Dingen. Juridisch gesehen war es jedoch relativ einfach, zu einem positiven Urteil zu kommen, denn Bernhards Anomalie bestand schon vor der Ehe, betraf den Gegenstand der Ehe (Abneigung gegenüber den Haaren der Braut, die zum Orgasmus unfähig macht), war schwer ausgeprägt und führte auch zum Bruch der Ehe.

Durch seine gestörte psychische Verfassung war Bernhard nicht in der Lage, die Ehe und ihre Folgen kritisch zu bewerten und zu begreifen. Es fehlte ihm auch die innere Freiheit, um zwischen heiraten und nicht heiraten zu wählen.

Beispiel einer Epilepsie:

Veronika litt seit ihrem 12. Lebensjahr an epileptischen Anfällen, die sich in Form von »Absencen« oder

»petit mal« äußerten. Diese Anfälle waren eine Folge einer Encephalitis, von der sie in diesem Alter befallen worden war. Die Anfälle steigerten sich bis zu 100 im Tag. Als sie 18 Jahre alt wurde, nahm die Krankheit ab. Bis zum 19. Lebensjahr fühlte sie sich fast geheilt. Schon vor diesem Stadium der Besserung lernte sie Heinrich kennen, der sich mit ihr verlobte. Veronikas Vater war besorgt und wollte die Hochzeit hinausschieben, denn die Anfälle kehrten wieder und waren von Krämpfen begleitet. Die Krankheit hatte sich also verschlechtert und wurde dann wieder besser. Die Braut war am Hochzeitstag lediglich etwas müde. Aber schon am folgenden Tag und während der Hochzeitsreise wurde Veronika von heftigen Anfällen gequält. Heinrich brachte sie in eine Klinik. Die Diagnose lautete auf Epilepsia corticalis, die auf die Encephalitis zurückging. Es handelte sich um eine symptomatische Epilepsie mit genauer organischer Ursache in den anatomischen Verletzungen des Gehirns. Heinrich verließ Veronika. Diese beteuerte aber immer wieder, daß sie vollkommen ehefähig sei, daß sie sich der Tragweite einer Ehe völlig bewußt war und auch ihre Krankheit nichts daran ändere.

Beweis: Die Epilepsie hat viele Formen. Man unterscheidet die *symptomatische Epilepsie*, die auf andere Krankheiten (Tumore, Narben der Hirnhäute und Hirnrinde, Schwielen, zum Teil auf traumatischer, auch luetischer Grundlage) zurückgeht, und eine genuine, *idiopathische Epilepsie*, der jede anatomische Ursache fehlt. Diese Form ähnelt der Neurose.

Eine Ehe, die im Augenblick eines epileptischen Anfalls geschlossen wurde, ist nichtig, und zwar schon wegen »amentia actualis« (vgl. oben S. 74), weil hier auch der Vernunftgebrauch vorübergehend ausgeschaltet ist.

Schwieriger ist die Frage zu beantworten, ob eine

Ehe ungültig ist, die vor oder nach Anfällen oder Anfallsperioden geschlossen wurde. Darauf kann keine eindeutige Antwort gegeben werden. Jeder Fall ist für sich zu behandeln. Es gibt Epileptiker, die in den Remissionsstadien auch geistig völlig gesund sind, andere aber, die aufgrund der häufigen und schweren Anfälle auch während der Zwischenzeit so geschwächt und gereizt sind, daß die Geistestätigkeit beeinträchtigt ist.

Die idiopathische oder genuine Form der Epilepsie wird kaum zur Nichtigkeit der Ehe führen, denn man kann ihren Sitz nicht feststellen, d. h. die Krankheit, auf die sie zurückgeht.

Die symptomatische Epilepsie muß genau auf ihre Ursache hin untersucht werden. Je nach der Natur, der Intensität und Häufigkeit der Anfälle, dem Grad der Anomalie, dem Alter und Beginn der Krankheit, dem ausgearbeiteten EEG, wird ein verschiedengeartetes Bild der Epilepsie gewonnen werden. Es ist Aufgabe der gerichtlichen Sachverständigen, dieses Bild auszuarbeiten. Aufgabe des kirchlichen Richterkollegiums ist es dann, unter Berücksichtigung aller Umstände des einzelnen Falles festzustellen, ob die Krankheit den Ehewillen beeinträchtigte oder nicht.

In unserem Beispiel handelte es sich um eine symptomatische Epilepsie, die schon im 12. Lebensjahr mit Absencen als Folge einer Encephalitis auftrat und noch Monate vor der Hochzeit durch stärkere Anfälle in Erscheinung trat. Der Vater warnte vor der Hochzeit, Veronika hielt sich jedoch für ausreichend gesund, um einen Ehewillen abzugeben. Das Urteil lautete auf Nichtigkeit der Ehe, und zwar nicht nur aufgrund der organisch bedingten Epilepsie und des Gutachtens der Sachverständigen, sondern auch deshalb, weil Veronika im Zeitpunkt der Eheschließung unfähig war, ihre Krankheit richtig einzuschätzen. Sie war zu unreif, um die Rechte und Pflichten einer Ehe konkret unter Einbeziehung ihres krankhaften Zustandes richtig abzuwägen. Dies ist auch eine Folge der erlittenen Anfälle, während deren der Patient bewußtlos ist und ihm darüber jede Beurteilung mangelt.

Beispiel einer Hysterie:

Maria Grazia litt als Kunststudentin an Nervenschwäche. Sie war nervlich erschöpft und mutlos. Ihre Eltern brachten sie erfolglos von einem Arzt zum anderen. Schließlich geriet sie in die Hände des noch jungen Psychiaters Robert. Diesem gelang es, Maria Grazia so zu beeinflussen, daß er einen Gefühlskontakt herstellen konnte. Sie wurde völlig von ihm abhängig. Der Arzt überschritt zweifellos seine ärztliche Kompetenz. Er begann auch, intime Beziehungen mit Maria Grazia zu unterhalten. Die Hörigkeit von Maria Grazia äußerte sich in Liebe und zugleich in Haß gegen den Arzt. Es dauerte noch Jahre bis zur Eheschließung. Während dieser Zeit gelang es Maria Grazia aber nicht, sich von Robert zu trennen. Auch wiederholte Robert immer wieder: »Ohne mich kannst du nichts tun.« Er drohte ihr auch, um sie zu erschrecken. Sie war unsicher, und um ihre Unsicherheit zu überwinden, heiratete sie Robert, obwohl sie ihn nicht mochte. Sie gehorchte ihm lediglich. – Es verging kaum ein halbes Jahr nach der Heirat, als Maria Grazia Robert verließ. Dieser zeigte sie wegen böswilligen Verlassens an. Die Ehe wurde kirchlich für nichtig erklärt.

Beweis: Hysterie ist die vielgestaltigste aller Neuropathien. Ihr Wesen ist noch nicht eindeutig geklärt. Sie kommt häufiger bei Frauen als bei Männern vor. Allen Hysterikern gemeinsam ist ein gesteigertes Geltungsbedürfnis.

Nach der kirchlichen Rechtsprechung unterscheidet man 1. die hysterische Reaktion oder den hysterischen Anfall; 2. die Hysterie als Neurose und 3. den hysterischen Charakter.

Eine Ehe, die im Augenblick eines hysterischen Anfalls geschlossen wird, ist, genauso wie die während eines epileptischen Anfalls eingegangene, ungültig. Es handelt sich auch hier um eine „amentia actualis" (vgl. S. 83).

Wenn sich die Hysterie zur Psychoneurose gesteigert hat, wie in unserem Beispiel, kann sie bei der Heirat das kritische Urteilsvermögen erheblich vermindern und deshalb auch die Ehe ungültig machen.

Der rein hysterische Charakter bewirkt allein nicht die Ungültigkeit der Ehe.

Typische Kennzeichen eines hysterischen Charakters sind folgende: eine ungeheure Beeinflußbarkeit, Mythomanie (Lügenhaftigkeit), sexuelle Entgleisungen, Haltlosigkeit und Unbeständigkeit, Flucht vor der Wirklichkeit, Flucht in die Krankheit, Egozentrik, Leben in einer Schein- oder Phantasiewelt, Gefallenwollen, Verführenwollen, Theaterspielen, auffallen usw.

In unserem Beispiel wurde Maria Grazias hysterischer Charakter durch eine affektive Unreife erschwert. Sie hatte ein labiles Gefühlsleben, war unsicher und gebrechlich. Dies begünstigte die Beeinflußbarkeit und gefühlsmäßige Abhängigkeit Robert gegenüber. Nur aufgrund dieser Persönlichkeitsstruktur war es möglich, daß sie dem jungen Psychiater völlig hörig wurde, daß er mit ihr »Gehirnwäsche« betreiben konnte, was ohne ihre Veranlagung nicht möglich gewesen wäre. Die Hysterie steigerte sich zur hysterischen Psychoneurose, die den Gefühlskontakt (Transfer) erleichterte und sie den gehaßten Mann gehorsam heiraten ließ. Dadurch war im Zeitpunkt der Ehe ihr Urteilsvermögen erheblich vermindert und die Ehe ungültig.

13.3.4 Psychosen

Psychosen, Geisteskrankheiten und psychische Krankheiten, die den Vernunftgebrauch ausschließen, wurden schon unter Amentia (habitualis und actualis) behandelt (siehe oben, SS. 74 und 83). Wenn aber der Vernunftgebrauch nicht völlig ausgeschlossen wird, kann die Krankheit ein mangelndes Urteilsvermögen bewirken, wie es z. B. bei den

Affektpsychosen der Fall ist. Darunter fallen Manien und depressive Melancholie.

Auch *Encephalitis* und viele andere ähnliche »psychische Krankheiten« können einen Mangel des Urteilsvermögen erzeugen. Es kommt nicht sosehr auf die Namen all dieser Krankheiten, sondern auf ihre Erscheinungsbilder an, ihre Beziehung zur Ehe selbst und ihren Schweregrad.

13.4 Innerer Zwang (defectus internae libertatis)

Der Ehewille kann auch ohne Vorliegen einer Psychose, schweren Neurose, ausgeprägten Psychopathie, durch eine im Moment der Heirat vorhandene *innere Zwangssituation* (Konfliktsituation) beeinträchtigt werden. Zum Unterschied vom äußeren Zwang (vis et metus), der schon behandelt wurde (siehe oben, S. 22ff), handelt es sich hier um einen »inneren« Zwang, der das kritische Urteilsvermögen des Ehewerbers vermindert.

Beispiel:

Thomas und Nancy waren beide aus sehr gutem Haus. Sie trafen sich öfters und besuchten gemeinsam gesellige Veranstaltungen. Nach einiger Zeit verlor Thomas das Interesse an Nancy. Sie liebte ihn jedoch, und mehr aus Respekt vor ihr und der Familie ging er eine Verlobung ein. Als er sich aber seiner Gefühlskälte gegenüber Nancy eindeutig bewußt wurde, sprach er mit dem Mädchen. Dieses brach in Tränen und Verzweiflung aus. Auch seine Eltern sagten, er dürfe das Mädchen nicht stehenlassen, jetzt, wo er so lange mit ihr ginge. Die Mutter von Nancy war von Thomas begeistert, ließ der Tochter aber freie Hand in der Wahl des Ehemannes. Der Vater riet ihr eher ab. Er sah ein, daß Thomas nicht zu ihr paßte. Thomas wurde, je näher der Hochzeitstag rückte, immer unglücklicher. Schließlich schlug ihm sein Bruder vor, nach Amerika zu gehen, um dort ein wenig auf andere Gedanken zu kommen. Thomas war anfangs dafür, dann meinte er aber, die Hochzeitsvorbereitungen seien schon zuweit fortgeschritten, er könne nicht mehr zurück. Am Abend vor der Hochzeit rief er Nancy an und wollte alles absagen. Erst am Morgen des Hochzeitstages sagte er ja. Auf der Fahrt zur Kirche stellte er Überlegungen an, was wohl sein würde, wenn das Auto jetzt eine Panne hätte oder wenn es in eine falsche Richtung führe. – Nach der Trauung fand eine Hochzeitsreise statt. Die Ehe wurde erst am 4. Tag vollzogen, und nach der Rückkehr wohnte das junge Paar in einem Hotel, weil Thomas es nicht der Mühe wert fand, eine Wohnung zu suchen. Jedesmal, wenn ein Projekt auftauchte, sagte er hinter dem Rücken von Nancy ab. Nach zwei Monaten verließ er Nancy, er war mit den Nerven völlig fertig. – Die Ehe wurde wegen mangelnder innerer Freiheit des Thomas für nichtig erklärt. Er verlor dadurch das kritische Urteilsvermögen bezüglich der Ehe mit Nancy.

Beweis: Der Beweis des inneren Zwanges wird durch genaue Überprüfung des Zustandekommens der Ehe erbracht. Dies geschieht auf *»negative« Weise.* Es werden alle der ehelichen Willensbildung entgegenstehenden inneren Faktoren aufgespürt. Anhand von Sachverständigengutachten sind die konstitutionellen Defekte des Verstandes und die inneren Hindernisse des

Ehewillens zu untersuchen. Auch die äußeren, sich aus dem Beweisverfahren ergebenden Umstände sind zu berücksichtigen, so daß aufgrund eines negativen Urteils der Mangel des Urteilsvermögens ermittelt werden kann.

Ein schweres Zögern vor der ehelichen Entscheidung weist auf eine innere Unfreiheit hin. Beim Zögern erschwert sich der normale Übergang vom Überlegen zum endgültigen, praktischen Urteil eines Menschen, bei dem Verstand und Wille ordnungsgemäß zusammenwirken. Wenn dieser Übergang des Überlegens bis zum Endurteil nicht erfolgt, kann der Ehewerber äußeren Umständen und auch inneren Impulsen und Lähmungen erliegen, die ihn einseitig in eine bestimmte Richtung treiben, ohne daß der Mensch Herr seiner selbst ist. Äußerst schweres Zögern kann zu Obsessionen (Zwangsvorstellungen) führen, die der Zensur des Intellekts und der Herrschaft des Willens entgehen.

In unserem Beispiel war Thomas nicht geisteskrank, hatte auch keine ausgeprägte Neurose oder Psychopathie; er war für die Ehe auch reif genug. Aber er befand sich in einer ganz besonderen Konfliktsituation, die ihn zu einer echten Entscheidung zum Zeitpunkt der Ehe unfähig machte. – Aufgrund der Aufdeckung aller inneren und äußeren Umstände, die vor, während und nach der Ehe vorlagen, ist es gelungen – unter Beiziehung der psychiatrischen Sachverständigen – den psychischen Zustand von Thomas genau zu rekonstruieren und seine tatsächliche Unfreiheit festzustellen. – Er heiratete, weil ein Zurücktreten in diesen Kreisen unmöglich war. Er fand sich verheiratet vor, ohne es gewollt zu haben, mit dem sicheren Bewußtsein, einen Fehler begangen zu haben.

Ein wichtiges Indiz ist auch die kurze Dauer der Ehe (zwei Monate) und die Weigerung des Thomas, eine häusliche Ehegemeinschaft aufzunehmen, sowie das sofortige Verlassen der Ehefrau.

13.5 Psychische Unreife (immaturitas psychica oder affectiva)

Die Beispiele der Epilepsie und Hysterie (siehe oben) zeigen, daß die psychische Unreife oft mit ein Faktor ist, daß die Ehe wegen mangelnden Urteilsvermögens für nichtig erklärt wird.

Psychische Unreife kommt jedoch selten *allein* vor. Alle nur unüberlegt geschlossenen Ehen sind gültig. Echte psychische Unreife kommt einem Mangel an innerer Freiheit gleich: Der Ehewerber konnte aufgrund seiner affektiven Unreife nicht frei zwischen heiraten und nicht heiraten wählen.

Beispiel:

Anita war die einzige Tochter reicher Eltern. Sie wurde verwöhnt, konnte alles haben, auch im selben Moment das Gegenteil. Die Schule besuchte sie mit mäßigem Erfolg, war faul und interessierte sich nur für ihre eigene Person. Kaum aus der Schule entlassen, verliebte sie sich in einen jungen Mann, der aber den Eltern nicht gefiel. Dann machte ihr der Arzt Paul den Hof. Er war älter, er gefiel ihr nicht, aber es schmeichelte ihr, hofiert zu werden. Sie spielte mit ihm. In die Verlobung willigte sie ein, weil alle ihre Freundinnen schon verheiratet waren und sie nicht sitzenbleiben wollte. In Wahrheit konnte sie jedoch den ernsten Paul nicht ausstehen. Es wurde immer gestritten, öfters wurden die Ringe zurückgegeben und dann wurde wieder Versöhnung gefeiert. Anitas Mutter sagte, du hast ja mit dem Heiraten noch Zeit. Eine Woche vor der Hochzeit sagte sie zu Paul, daß sie nicht heiraten wolle, sie mache sich so gar keine Vorstellung von der Ehe. Er nahm solche Äußerungen nicht ernst. Anita tat es auch wieder leid, wenn Paul ihretwegen litt. Sie hatte dann Skrupel. Schließlich griff sie zu Beruhigungsmitteln, wie Librium und Eucanil, um sich nicht aufzuregen und um sich vor Paul nicht zu ekeln. Je näher die Hochzeit rückte, desto mehr Pillen schluckte sie. Die Pillen machten sie passiv, und dadurch ertrug sie die Hochzeit. Erst nach der Hochzeit nahm sie keine Medikamente mehr, war jedoch frigid und ohne Empfindung dem Mann gegenüber. – Die Ehe dauerte immerhin vier Jahre, wurde aber dann für ungültig erklärt.

Beweis: Die Unreife von Anita wurde von allen Zeugen bei Gericht bestätigt. Ihre Eheauffassung war die einer »verlängerten Brautzeit«. Ein starkes Indiz der Unreife ist darin zu sehen, daß sie ihre Probleme durch Pillen zu lösen versuchte, die ihren infantilen Geist erst recht schwächten.

Auch in diesem Beispiel handelt es sich nicht allein um Unreife, sondern um eine psychische oder affektive Unreife, die durch den Konsum von Medikamenten gesteigert wurde und so zur mangelnden Urteilsfähigkeit führte.

Wichtige Anzeichen affektiver Unreife sind:

Zurückbleiben der Gefühlsreife und des Instinkts, Fixation auf die Kindheit; infantiles Verhalten den Eltern gegenüber; Egoismus; die Unfähigkeit, Frustrationen, Konfliktsituationen zu ertragen; Wechsel der Gefühle; possessiver Charakter; kein oblatives Denken; kein Altruismus; kein ethisches Gefühl; Komplexe und Starrköpfigkeit. – Der affektiv Unreife kreist immer nur um seine eigene Persönlichkeit, seine eitlen Wünsche und unsinnigen Vorteile.

14. EHEFÜHRUNGSUNFÄHIGKEIT *(incapitas assumendi onera coniugalia)*

Während bei der Ehevertragsunfähigkeit auf das Zustandekommen des Ehevertrages geachtet wird und die Unfähigkeit der Eheleute, die Subjekt des Ehevertrages sind, hinsichtlich ihrer Vertragsschließungsfähigkeit untersucht wird – ob sie nämlich vom Verstand und Willen her in der Lage sind, einen gültigen Ehewillen abzugeben –, so wird bei der Eheführungsunfähigkeit auf den *Inhalt des Ehevertrages* geachtet (matrimonium in facto esse).

Die Eheleute sind nämlich nicht nur Subjekt des Ehevertrages in bezug auf das Zustandekommen des Ehewillens, sondern auch Materialobjekt des Ehevertrages, weil sie selbst den Inhalt des ehelichen Willens zu leisten imstande sein müssen. Sie müssen eine Ehe nicht nur schließen, sondern auch führen können. Sie müssen ehefähig sein.

Im alten Recht definiert der c. 1081 § 2 den Inhalt der ehelichen Willenserklärung wie folgt:

»Der Ehekonsens ist ein Willensakt, durch den die beiden Kontrahenten einander das dauernde und ausschließliche Recht auf den Leib (ius in corpus) zur Vornahme der zur Zeugung von Nachkommenschaft an sich geeigneten Akte einräumen bzw. annehmen.«

Wenn ein Ehewerber nicht imstande ist, das eben definierte Formalobjekt des Ehewillens zu leisten, wenn er das dauernde und ausschließliche Recht auf den Leib usw. dem anderen Ehepartner einzuräumen nicht fähig ist, so ist er bereits vom Naturrecht her nicht in der Lage, eine Ehe zu führen. Denn niemand kann etwas geben, was er nicht besitzt. Dieser naturrechtliche Satz findet sich bereits im römischen Recht und als Regula iuris im Kirchenrecht, und auch Thomas von Aquin sagt: »Ad impossibile nemo tenetur« (Sth II-II, q. 62, art. 5, n. 4).

Die kirchliche Rechtsprechung stützt sich bei der Beurteilung der Eheführungsunfähigkeitsfälle auf das Naturrecht. Das neue kirchliche Gesetzbuch bestimmt jedoch die Eheführungsunfähigkeit genauer:

»Zum Eheabschluß sind unfähig, die wegen einer schweren psychischen Anomalie die der Ehe wesentlichen Pflichten nicht zu übernehmen vermögen« (vgl. Schema c. 1049).

Eine Eheführungsunfähigkeit wird immer dann vorliegen, wenn der Ehepartner unfähig ist, entweder das *dauernde* Recht auf den Leib dem anderen Teil einzuräumen, also nicht »unauflöslich« verheiratet sein kann, oder wenn er das *ausschließliche* Recht auf den Leib dem anderen Teil nicht leisten kann, somit unfähig zur ehelichen Treue ist, oder wenn er das Recht auf den Leib als solches, *den ehelichen Akt,* der auf die Zeugung von Nachkommenschaft hingeordnet ist, nicht erbringen kann, nämlich nicht in der Weise, wie er von der Natur vorgesehen ist.

Im neuen Recht wird in Anlehnung an die Lehre des II. Vatikanischen Konzils, vor allem der Pastoralkonstitution »Gaudium et spes« (Nr. 48ff) und der Enzyklika »Humanae vitae« (Nr. 8ff), das wesentliche Formalobjekt der Ehe nicht nur als Recht auf den Leib des anderen Ehepartners aufgefaßt, sondern als »innige Lebens- und Liebesgemeinschaft«. Diese über den rein biologischen Aspekt hinausgehende Beschreibung der Ehe wurde auch in ihre Definition aufgenommen:

»Der eheliche Bund, durch den Mann und Frau eine innige Lebensgemeinschaft miteinander eingehen, ist seiner Natur nach auf das Wohl der Eheleute und auf die Zeugung und Erziehung von Nachkommenschaft hingeordnet ...« (vgl. Schema c. 1008 § 1).

An die Stelle des Rechtes auf den Leib (ius in corpus) tritt das Recht auf innige Lebensgemeinschaft, die nicht nur auf die Zeugung und Erziehung der Nachkommenschaft hingeordnet ist, sondern auch auf das Wohl der Eheleute selbst, auf ihre geistig-menschliche Vervollkommnung im ursprünglichen, biblischen Sinn (vgl. Gen 1,27f; 2,18–24; Mt 19,4–6).

Da sich nun die Eheführungsunfähigkeit auf das

Objekt des Ehewillens erstreckt, wird auch eine Unfähigkeit, das erweiterte Objekt des Ehewillens zu leisten, nämlich das Recht auf die eheliche Lebensgemeinschaft einzuräumen, unter die im zukünftigen c. 1049 bereits erwähnte Unfähigkeit, »die der Ehe wesentlichen Pflichten zu übernehmen«, einzureihen sein.

14.1 Unfähigkeit zur Leistung des Rechtes auf die eheliche Lebensgemeinschaft (incapacitas assumendi ius ad communionem totius vitae)

Was nun wesentlich zur ehelichen Lebensgemeinschaft gehört, wird auch im neuen Recht nicht näher angegeben. Es gehört sicherlich nicht die »eheliche Liebe« (amor coniugalis) dazu und auch nicht die bloße »cohabitatio«, das Zusammenleben oder die Wohngemeinschaft der Eheleute.

Die eheliche Lebensgemeinschaft kann nach der Rechtsprechung der S. R. Rota als eine *heterosexuelle Geschlechtsgemeinschaft* aufgefaßt werden, eine innige Vereinigung der Eheleute, die im gegenseitigen Sichschenken zweier Personen besteht.

Das Recht auf diese Lebensgemeinschaft (ius ad communionem totius vitae) besteht nun in der Gewährung eines Minimums dieser heterosexuellen Geschlechtsgemeinschaft oder innigen Vereinigung der Eheleute, *ohne das ein Eheleben überhaupt nicht denkbar oder moralisch unmöglich ist.*

Eine psychische Eheunfähigkeit, das Recht auf eheliche Lebensgemeinschaft zu gewähren, liegt dann vor, wenn der Ehewerber im Zeitpunkt der Eheschließung an einer psychischen oder psycho-sexuellen Anomalie litt, die *jedwedes* »als Sichschenken zweier Personen« aufgefaßte Eheleben unmöglich macht.

Beispiel:

Ernst war von Kindheit an bisexuell veranlagt, und zwar überwiegend homosexuell. Als er Sophia kennenlernte, meinte er, er habe seine homosexuelle Anlage überwunden. Er verlobte sich mit ihr, sie waren ein glückliches Paar. Beide Elternteile waren einverstanden, und so wurde eine große Hochzeit gefeiert. Die ersten Ehejahre verliefen friedlich, aber bereits wenige Wochen nach der Heirat versuchte Ernst, Sophia zu Perversitäten zu verleiten. Sophia ekelte davor. So kam es immer seltener zum ehelichen Verkehr. Nach zwei Jahren wurde eine Tochter geboren. Knapp danach entdeckte Sophia eines Tages ihren Mann mit einem anderen Mann zusammen in ihrem gemeinsamen Schlafzimmer. Es handelte sich eindeutig um homosexuelle Beziehungen. Seither ging die Ehe in Brüche. Ernst wollte auch nicht mehr bei Sophia bleiben, er fiel in seine frühere Homosexualität zurück. – Die Ehe wurde für nichtig erklärt.

Beweis: Homosexualität und lesbische Liebe, wenn sie vor der Ehe eindeutig ausgeprägt waren und nach dem Urteil der ärztlichen Sachverständigen unheilbar sind, verstoßen gegen die Gewährung des Rechtes auf eheliche Lebensgemeinschaft. Dazu rechnet man auch Bisexuelle, die nur dem Namen nach bisexuell sind, in Wirklichkeit aber vorwiegend oder eindeutig homosexuell.

Achtung: Wenn Ernst tatsächlich durch das Eheleben von seiner homosexuellen Anlage geheilt worden wäre, etwa am Anfang noch zu Perversitäten tendiert, sich dann aber rasch an ein heterosexuelles Leben gewöhnt hätte, ist die Ehe gültig. Eheverungültigende Unfähigkeit, das Recht auf eheliche Lebensgemeinschaft zu leisten, muß unheilbar sein.

Bei Ernst lag eine *reine* Eheführungsunfähigkeit vor. In vielen Fällen der Eheführungsunfähigkeit wird zugleich auch ein schwerer Mangel des Urteilsvermögens vorliegen, nämlich dann, wenn der Ehewerber sich seiner Unfähigkeit bewußt ist und irrational handelt,

d. h. trotzdem eine Ehe eingeht, auch dann, wenn er gerade durch die psychische oder psycho-sexuelle Anomalie innerlich zur Eheschließung gezwungen wird, die er aber in Wahrheit gar nicht eingehen will.

Psychische Krankheiten, die den Vernunftgebrauch oder das kritische Urteilsvermögen ausschließen, werden gewöhnlich auch eine Eheführungsunfähigkeit zur Folge haben. Andererseits können jedoch einzelne Psychopathien, vor allem *sexuelle Psychopathien* (vgl. oben), eine reine Eheführungsunfähigkeit bewirken, ohne daß auch das Urteilsvermögen hinsichtlich der Rechte und Pflichten in der Ehe gemindert wird.

Dies war auch bei Ernst der Fall. Sein kritisches Urteilsvermögen blieb intakt. Wenn nämlich der eheführungsunfähige Ehewerber sich vor der Eheschließung von seiner Anomalie geheilt glaubt oder sogar von den Ärzten für geheilt erklärt wird, wenn er seine Anomalie ignoriert, dann liegt eine bloße Eheführungsunfähigkeit vor. Verstand und Wille wurden davon nicht berührt. Es kann sogar sein, daß eheführungsunfähige Personen den ernsten Willen haben, eine gute, christliche Ehe zu führen, daß sie darum beten, aber nach der Heirat feststellen müssen, sich geirrt zu haben.

14.2 Unfähigkeit, den ehelichen Akt zu leisten

Bei der Unfähigkeit, den ehelichen Akt zu leisten, spricht man meist von Impotenz, die weiter unten (S. 113f) als Ehehindernis behandelt wird.

Da der eheliche Akt jedoch auf die Zeugung und Erziehung von Nachkommenschaft hingeordnet ist, kann es auch psychische Anomalien geben, die dieser Hinordnung auf Kinderzeugung und Erziehung entgegenstehen.

Wenn z. B. ein Ehewerber zum *Inzest* neigt und diese Anlage von den Sachverständigen als vor der Ehe bestehend und zugleich unheilbar erklärt wird, widerspricht diese Anomalie der Hinordnung des ehelichen Aktes auf die Erziehung der Nachkommenschaft.

14.3 Unfähigkeit, eine unauflösliche Ehe zu schließen

Beispiel:

Klaus lernte Eva beim Theaterspielen kennen. Sie verliebten sich beide ineinander und verlobten sich sehr bald darauf. Klaus' Mutter meinte aber zu Eva, ihr Sohn sei ein »großes Kind«, er habe oft Blödsinn im Kopf. Eva nahm diese Bemerkung nicht weiter tragisch. Eines Tages vertraute ihr Klaus an, daß er ein Hobby habe: Er verkleide sich gerne als Frau. Er fragte sie, ob ihr das mißfallen würde. Eva lachte bloß darüber. Nach der Hochzeit stellte sich jedoch heraus, daß es sich bei Klaus um einen transsexualen Menschen handelte, und zwar in erhöhtem Ausmaß. Auch Eva merkte mit Entsetzen, daß das Tragen der weiblichen Kleidung bei Klaus kein Hobby, sondern ein sexuelles Bedürfnis war. Das Schlimmste war, daß sie ihn von diesen Manien nicht abbringen konnte und daß er gar kein Mann, schon gar nicht ein Ehemann, sein wollte. Er machte dann eine Kur, die ihn jedoch in seinem abnormen Verhalten eher bestärkte. Schließlich wollte er unbedingt operiert werden, um endlich eine Frau zu sein. – Die Ehe wurde für nichtig erklärt.

Beweis: Bei der Unfähigkeit zur Unauflöslichkeit der Ehe kommt es nicht sosehr darauf an, ob der Ehewerber in der Ehe das Recht auf den Leib des anderen Partners oder das Recht auf Lebensgemeinschaft leisten konnte, sondern darauf, *wie lange* er es leisten konnte. Die Ehe ist auch dann nichtig, wenn es während der Ehe ab und zu zu einem normalen ehelichen Verkehr gekommen ist. Sie ist aber dann ungültig, wenn – nach dem Urteil der Sachverständigen

– der Ehewerber bereits im Moment der Heirat unfähig war, *für immer* das Recht auf den Leib oder auf Lebensgemeinschaft dem anderen Partner zu gewähren.

Die zwischen Klaus und Eva geschlossene Ehe ist deshalb nichtig, weil durch ärztliche Sachverständige bewiesen wurde, daß Klaus' Anomalie, weibliche Kleider zu tragen, sich als Frau zu fühlen, im Zeitpunkt der Eheschließung bereits so stark ausgebildet war, daß es notwendig zu einer Operation kommen mußte. Die Operation machte ihn zur Frau, damit war er als Mann impotent und unfähig, die Ehe fortzusetzen.

Achtung: Wenn Klaus während der Ehe auf sein Hobby, weibliche Kleidung zu tragen und sich als Frau zu fühlen, verzichtete und durch Evas Einfluß zumindest nach außen hin als Mann auftrat, so ist die Ehe gültig. Auch wenn Klaus vielleicht ein Leben lang ein Sonderling geblieben wäre.

An derselben Unfähigkeit leiden *Geisteskranke,* deren Krankheit im Augenblick der Heirat bereits so weit fortgeschritten war, daß sie mit Sicherheit zur totalen Verblödung führen mußte. Die Ehe wird in diesen Fällen jedoch gewöhnlich unter dem Nichtigkeitsgrund der »amentia« (siehe oben S. 74ff) angeklagt.

Bei der Unfähigkeit zur Unauflöslichkeit der Ehe handelt es sich um einen »neuen« Nichtigkeitsgrund, der sich seit einiger Zeit in der Rechtsprechung der S. R. Rota durchsetzt, es liegen erst wenige Fälle vor.

14.4. *Unfähigkeit, die eheliche Treue zu halten*

Beispiel:

Heinrich war Soldat und begab sich in seiner freien Zeit öfters in eine Kneipe, in der Hilde als Barmädchen tätig war. Hilde war hübsch, lustig und ging mit den

Männern sehr gewandt um. Heinrich verliebte sich sofort in Hilde. Aber seine Kollegen warnten ihn, sie meinten, Hilde sei eine Hure, die ginge gleich mit jedem ins Bett. Heinrich glaubte es anfangs nicht. Als er ihr seine ernsten Absichten darlegte, nahm sie dies alles für einen schlechten Scherz. Sie gab ihm zu verstehen, daß sie ihr früheres Leben niemals aufgeben würde, daß sie bis jetzt immer so gelebt habe und ihr die Männer alle gleich lieb wären. Als aber Heinrich, in der festen Absicht, sie allmählich auf den rechten Weg zu bringen, immer mehr insistierte, dachte Hilde zum erstenmal an die Vorteile einer Heirat. Schließlich gab sie nach. Sie wollte auch ihr früheres Leben aufgeben, denn so wollte es Heinrich. So nahm sie eine Stelle als Büglerin an, arbeitete nur stundenweise, um in der Zwischenzeit den ehelichen Haushalt zu versorgen. – Es ging vielleicht drei Wochen gut. Dann fiel Hilde in ihr geschlechtlich abnormes Verhalten zurück. Jeder Mann war ihr recht, der einfache Handwerker, ein altbekannter Freund oder gar ein gutsituierter Herr, der erst durch Hilde auf Abwege geriet. Heinrich fiel aus allen Wolken. Er war verzweifelt und stellte Hilde zur Rede. Er erinnerte sie an ihr voreheliches Versprechen. Ja, sagte Hilde, aber ich kann einfach nicht anders. Sie verstünde auch seine Verachtung, aber sie könne nicht anders. – Die Ehe wurde kirchlich für ungültig erklärt.

Beweis: Echte Nymphomanie (beim Mann Satyriasis) liegt dann vor, wenn die Frau keine Kontrolle mehr über sich hat, ein ununterbrochenes Bedürfnis nach einem Mann verspürt und sich auch gegen ihren Willen wahllos verschiedenen Männern hingeben will.

Die Ehe von Heinrich und Hilde wird dann für nichtig erklärt, wenn es gelingt, zu beweisen, daß Hilde bereits vor der Ehe nymphoman veranlagt war und dies auch noch im Zeitpunkt der Eheschließung war.

Da es sich bei der Pflicht, die eheliche Treue nicht zu

verletzen, um eine Unterlassungspflicht handelt, genügt zur Ungültigkeit der Ehe die im Moment der Heirat vorhandene Unfähigkeit, die eheliche Treue zu halten. Sie muß nicht unheilbar sein, wie es die anderen ehelichen Pflichten sind, die eine Leistung verlangen (z. B. das Recht auf den Leib, auf Lebensgemeinschaft, auf den ehelichen Akt zu gewähren). – Zumindest ist dies eine sehr gut vertretene Ansicht an der S. R. Rota.

Der Beweis der Unfähigkeit gelingt natürlich viel eher, wenn die Nymphomanie auch unheilbar ist.

Achtung: Wenn Hilde vor der Ehe ein ausschweifendes Sexualleben führte und nach der Ehe ab und zu wieder mit einem ihrer früheren Freunde intim verkehrte, so liegt deshalb noch keine Unfähigkeit vor, die eheliche Treue zu halten. Unfähig ist die Frau nur dann, wenn sie nicht mehr frei wählen kann zwischen den einzelnen Männern, wenn sie zwangsweise neben dem Ehemann *unterschiedslos* anderer Männer bedarf.

Die Ehehindernisse

Das Recht auf Ehe steht von Natur aus jedem Menschen zu. Dieses natürliche Recht, eine Ehe zu schließen, findet seine Schranke im göttlichen und menschlichen Recht:

»Alle Menschen können die Ehe eingehen, die durch das Recht nicht daran gehindert sind.« So lautet der alte c. 1035, der wortgetreu ins neue Recht übernommen wurde (vgl. Schema c. 1011).

Unter einem Ehehindernis versteht man einen vom Recht festgesetzten Umstand, der die Eheschließung entweder nur verbietet oder überhaupt nicht zuläßt.

Die *verbietenden Ehehindernisse*, wie das einfache Gelübde, die gesetzliche Verwandtschaft und die Bekenntnisverschiedenheit, machen eine trotzdem vorgenommene Eheschließung nur unerlaubt, aber nicht ungültig. Deshalb werden sie auch im neuen Recht nicht mehr erwähnt und auch hier nicht näher erörtert.

Die *trennenden Ehehindernisse* machen eine trotzdem vorgenommene Eheschließung ungültig. Sind die trennenden Ehehindernisse von der Kirche allein aufgestellt, so kann vor der Eheschließung von ihnen dispensiert werden. Sind diese Hindernisse aber – wie z. B. ein bereits bestehendes Eheband – göttlichen Rechts, so kann von ihnen nicht dispensiert werden, und die Ehe ist auf alle Fälle ungültig.

Mit Ausnahme der Impotenz werden Ehehindernisse im kirchlichen Eheprozeß selten als Nichtigkeitsgrund angeführt. Bei den vielen Formalitäten, die heute eine Eheschließung verlangt, werden die meisten Ehehindernisse noch vor der Heirat entdeckt und – wenn die Brautleute trotzdem heiraten wollen – um eine Dispens vom Hindernis angesucht.

1. GESCHLECHTLICHES UNVERMÖGEN *(impedimentum impotentiae)*

Die Impotenz ist streng genommen eine Eheführungsunfähigkeit, und zwar die Unfähigkeit, den ehelichen Akt zu leisten (siehe oben). Die Kirche hat jedoch die Impotenz unter die Ehehindernisse eingereiht. Sie bewirkt im geltenden Recht nach dem Naturrecht, im künftigen nach dem Wesen der Ehe selbst, »ex ipsa eius natura«, die Ungültigkeit der Ehe und ist daher *indispensabel.*

Rechtserheblich ist nur die Beischlafunfähigkeit (impotentia coeundi), nicht aber die Zeugungsunfähigkeit (impotentia generandi). Sterilität ist kein Nichtigkeitsgrund.

Über die Impotenz bestimmt nun der alte c. 1068 § 1–§ 3: »Die der Eheschließung vorangehende und dauerhafte Impotenz ist aufgrund des Naturrechts ein trennendes Ehehindernis, gleich, ob sie auf seiten des Mannes oder der Frau vorliegt, ob sie dem anderen Kontrahenten bekannt ist oder nicht, ob es sich um eine absolute oder nur relative Impotenz handelt.

Besteht bezüglich des Hindernisses der Impotenz ein Rechts- oder Tatsachenzweifel, so darf die Eheschließung nicht behindert werden.

Bloße Sterilität ist weder ein trennendes noch ein verbietendes Ehehindernis.«

Man unterscheidet weiter die *organische* Impotenz, die durch Organschäden bedingt ist, und die *funktionelle* Impotenz, deren Ursachen mehr psychischer Natur sind.

Beispiel der Impotenz des Mannes:

Alois und Gerda heirateten nach einigen Jahren Verlobungszeit, während der es auch zu Intimverkehr gekommen ist. Beide waren religiös und wollten eine christliche Familie gründen. Die Ehe verlief auch glücklich, der einzige Schatten bestand in der Kinderlosigkeit. Gerda ließ sich zuerst untersuchen, wurde aber für vollkommen »normal« erklärt. Alois zögerte ein wenig. Seine Mutter sagte ihm, daß an ihm im Alter von 16 Jahren eine kleine Operation vorgenommen worden war. Alois erinnerte sich daran, wußte aber nicht, worum es sich dabei handelte. Er litt an Kryptorchismus. Seine Hoden waren in der Bauchhöhle verborgen geblieben und operativ an ihren richtigen Sitz befördert worden. Alois erzählte dies seinem Arzt. Dieser meinte, daß die Operation zu spät durchgeführt wurde, erst nach der Zeit der Reifung der Samenzellen. So sei er für immer unfähig, einen in den Hoden erzeugten Samen zu produzieren. Er würde auch keine Kinder zeugen können. Alois berichtete Gerda vom Ergebnis der Untersuchung. Gerda dachte an Adoption. Aber Alois wollte nicht. »Wenn Gott uns keine Kinder schickt, dann bleiben wir eben allein«, sagte er. Die Ehe wurde langsam brüchig. Gerda fühlte sich frustriert und gelangweilt. Als sie später einen anderen Mann kennenlernte und auch kirchlich heiraten wollte, versuchte sie, ihre Ehe für ungültig erklären zu lassen. Sie erhielt aber ein negatives Urteil.

Beweis: Zur männlichen Potenz werden drei Dinge gefordert: »erectio«, »penetratio« und »eiaculatio in vas mulieris«. Der Mann muß also fähig sein, den ehelichen Akt durchzuführen. Jede bereits vor der Ehe vorhandene und unheilbare Unfähigkeit einer Erregung des Gliedes oder des Eindringens in die Scheide der Frau oder der Ejakulation selbst, sei sie nun organisch oder psychisch bedingt, bewirken die Ungültigkeit der Ehe.

Die Impotenz kann auch relativ sein, nur einer bestimmten Frau gegenüber, oder absolut, allen Frauen gegenüber. Beide Arten machen die Ehe ungültig.

Seit dem Dekret der Glaubenskongregation vom 13. Mai 1977 (siehe unten im Anhang unter Nr. B) ist zur männlichen Potenz ein »verum semen« nicht mehr erforderlich. Ein Same, der nicht in den Hoden gebildet wurde, bewirkt lediglich Sterilität, aber keine Impotenz.

In unserem Beispiel wurde Gerdas Ehenichtigkeitsklage mit Recht abgewiesen, denn es handelte sich bei Alois im Sinne des Dekrets der Glaubenskongregation nicht um Impotenz, sondern nur um Sterilität. Alois war infolge seiner zu spät durchgeführten Operation nicht in der Lage, einen »verum semen«, den in den Hoden erzeugten Samen, zu produzieren. Er war aber durchaus beischlafsfähig, was zur Gültigkeit der Ehe völlig ausreicht.

Ebenso sind nach dem genannten Dekret alle Fälle von *Vasektomie,* bei denen reparabel oder irreparabel die Samenleiter durchschnitten wurden, nicht mehr unter den Begriff der Impotenz, sondern der bloßen Sterilität einzureihen.

Beispiel der Impotenz der Frau:

Patrizia lernte mit 22 Jahren Erich kennen. Sobald Erich eine fixe Anstellung hatte, wurde geheiratet. Erst in der Hochzeitsnacht entdeckte Erich, daß Patrizia anders war, als die Frauen, die er bis jetzt kannte. Er konnte sie nur mit Mühe deflorieren. Patrizia klagte über starke Schmerzen, die ihm schließlich den Vollzug der Ehe unmöglich machten. Als sich aber die Schmerzen jedesmal einstellten, wenn er den ehelichen Akt durchführen wollte, riet er Patrizia, zum Arzt zu gehen. Dieser stellte in der sonst normal gebauten Frau den Mangel der Scheide fest.

Die junge Frau wollte diesem Mangel sofort abhelfen und unterzog sich einer langwierigen und nicht ungefährlichen Operation. Sie ließ sich eine künstliche Scheide einbauen. Die Operation gelang, obwohl sie ein großes Risiko war. Nach einigen Jahren lernte Patrizia einen anderen Mann kennen, den sie gerne geheiratet hätte. Sie beantragte die Nichtigskeitserklärung ihrer Ehe.

Beweis: Die Frau ist dann potent, wenn sie beischlafsfähig ist. Das wichtigste Organ zum Vollzug der Ehe ist die Scheide (vagina). Sie ist ein von der äußeren Scham bis zur Gebärmutter reichender, an beiden Seiten geöffneter Kanal. Die Impotenz der Frau reduziert sich auf den Mangel und Mißbildungen der Scheide.

Da die Scheide der Frau nach einer Gebärmutteroperation immer am rückwärtigen Ende verschlossen wird und daher kein nach beiden Seiten hin geöffneter Kanal mehr ist, entstand die Frage, ob die *mulier excisa,* der sowohl die Gebärmutter wie auch die Eierstöcke operativ entfernt wurden, und die *mulier occlusa,* der lediglich die Gebärmutter entfernt wurde oder deren Scheide »aequivalenter occlusa« ist, d. h., daß die Weiterleitung des Samens in die Gebärmutter unmöglich ist, potent oder impotent ist.

Bei Anfragen an die Glaubenskongregation, ob solche Frauen eine gültige Ehe schließen können, war die Antwort immer bejahend. Die überwiegende Mehrheit, sowohl in der Lehre wie in der kirchlichen Rechtsprechung, hält diese Frauen auch für potent.

In der Rota-Rechtsprechung herrschte allerdings in den letzten Jahrzehnten die Meinung vor, daß die Potenz dieser Frauen davon abhinge, ob bei der Operation der Gebärmutterhals entfernt wurde oder nicht. Denn der Gebärmutterhals – so argumentierte man – gehört zur Gebärmutter und nicht zur Scheide. Wenn demnach der Scheide der Gebärmutterhals belassen wurde und sie erst dann rückwärtig verschlossen wurde, so handelt es sich nicht mehr um einen Verschluß der Scheide, sondern der Gebärmutter selbst, die nicht mehr zum Vollzug der Ehe nötig ist. Die Frau, die trotz Operationen im Besitz des Gebärmutterhalses war, galt als potent.

Die Lösung ist nicht ganz befriedigend und gilt heute auch als überholt. Denn nach dem Dekret der Glaubenskongregation vom 13. Mai 1977, das für die Potenz des Mannes keinen in den Hoden gebildeten Samen mehr verlangt, kann man auch von der Frau nicht mehr verlangen, daß die Scheide unbedingt nach rückwärts geöffnet ist, um den männlichen Samen in die Gebärmutter weiterzuleiten.

Die Kodexkommission erklärte in überwiegender Mehrheit sowohl die »mulier excisa« wie die »mulier occlusa« als potent.

Im neuen Gesetzbuch spricht man nur mehr von »impotentia coeundi«, der Beischlafsunfähigkeit beim Mann wie bei der Frau. Und wenn die Ehe im Zweifel eingegangen wurde, ob die betreffende Frau (oder auch der Mann) potent ist, dann darf sie bei Weiterbestehen des Zweifels auch *nicht* für ungültig erklärt werden (vgl. Schema c. 1037 § 1 und § 2).

Bezüglich der Sterilität wird im neuen Recht ausdrücklich auf den neu eingeführten Kanon des Betrugs verwiesen (vgl. Schema c. 1037 § 3 und c. 1052; siehe auch oben S. 50). Dadurch soll in Zukunft durch den gesetzlich erweiterten Begriff der Sterilität und den verminderten Begriff der Impotenz denjenigen Menschen, die vor der Ehe unbedingt auf Kinder Wert gelegt haben und denen die Sterilität des anderen Partners bewußt verschwiegen wurde, eine neue Möglichkeit geboten werden, ihre Ehe für nichtig erklären zu lassen.

In unserem Beispiel handelt es sich nun um die Anfertigung einer künstlichen Scheide. Hier muß unterschieden werden, ob die Scheide vor oder nach der Eheschließung angefertigt wurde. Wurde sie schon vorher mit Erfolg eingesetzt, dann ist die Ehe gültig. Wurde sie aber erst nach der Heirat angefertigt, dann war die Frau im Zeitpunkt der Ehe mangels einer Scheide impotent, und die Ehe ist ungültig.

Die Ehe von Erich und Patrizia ist tatsächlich ungültig, obwohl Patrizia mit der künstlichen Scheide ehefähig gemacht wurde. Sie war nämlich im Zeitpunkt der Ehe »unheilbar« impotent, auch wenn sich die Impotenz einige Jahre später als heilbar erwiesen hat, wie dies in unserem Beispiel der Fall ist.

Der Begriff der *Unheilbarkeit* der Impotenz (des Mannes wie der Frau) ist ein juristischer Begriff. Man spricht von der *Perpetuitas* der Impotenz, ihrer Unheilbarkeit im Zeitpunkt der Ehe, dann, wenn tatsächlich keine Heilung erfolgen kann. Aber auch dann, wenn eine Heilung nur unter Lebensgefahr oder Gefahr einer schweren Krankheit erfolgen kann; wenn die Operation im Zeitpunkt der Heirat noch als »außerordentlich« gilt; wenn sie also sehr selten gemacht wird, schwierig und kostspielig ist, so daß sie dem konkreten Ehewerber nicht zugemutet werden kann; schließlich, wenn der Erfolg der Operation nicht sicher ist.

In unserem Beispiel hat sich Patrizia tatsächlich nach der Ehe einer solchen Operation unterzogen, zu der sie jedoch niemand verpflichten konnte. Denn eine solche Operation gilt heute noch als sehr gefährlich, ihr Erfolg ist äußerst fraglich. Die künstliche Scheide kann sich wieder verengen, an Elastizität verlieren, Schmerzen beim Verkehr verursachen. Deshalb galt Patrizia zum Zeitpunkt der Ehe nach dem Urteil der Ärzte *juridisch für impotent.*

Das kirchliche Ehegericht erteilt bei affirmativen Urteilen im Impotenzprozeß, auch bei Geisteskrankheiten, Simulation, Ausschluß der ehelichen Treue, der

Unauflöslichkeit oder der Nachkommenschaft, gewöhnlich ein Eheverbot. Es wird dem Urteil eine *Klausel »vetitum«* angehängt. Das bedeutet, daß der betreffende Ehepartner entweder überhaupt keine neue Ehe mehr eingehen darf, wenn z. B. die Impotenz absolut und unheilbar ist oder fortgeschrittene Geisteskrankheit vorliegt, oder daß eine neue Ehe nur nach Befragung des Bischofs oder des kirchlichen Ehegerichtes selbst erlaubt wird. Das Eheverbot wird dann aufgehoben.

In unserem Beispiel hat das Gericht, obwohl die Frau für impotent erklärt wurde, in Anbetracht der erfolgreich eingesetzten künstlichen Scheide kein Eheverbot erlassen, so daß Patrizia mit dem anderen Mann, den sie nach der Ehe mit Erich kennenlernte, sofort eine neue Ehe schließen kann.

Vaginismus nennt man die funktionelle Impotenz der Frau. Echter Vaginismus, auch Scheidenkrampf genannt, ist eine reine Sexualneurose. Die Frau will durch psychisch bedingte Abwehrmechanismen die Annäherung des Mannes absolut verhindern. Da jedoch Vaginismus oft vorgetäuscht werden kann und er meist doch heilbar ist, wird es kaum möglich sein, ein affirmatives Eheurteil zu erhalten.

Vom Vaginismus zu unterscheiden ist die *Dispareunie*. In diesem Fall kommt die Frau überhaupt nie oder nur sehr schwer zum Orgasmus. *Frigidität* liegt vor, wenn das Sexualgefühl hochgradig herabgesetzt ist. *Anästhesia sexualis* nennt man den völligen Mangel sexueller Erregbarkeit. All diese Formen sind nicht imstande, die Ehe ungültig zu machen.

Erhält man ein negatives Urteil in einem Impotenzprozeß, kann man, wenn vielleicht die Ehe durch die nicht eindeutig beweisbare Impotenz nicht vollzogen wurde, um eine *Dispens* von der nicht vollzogenen Ehe ansuchen (siehe unten S. 154).

Ebenso kann nach einem negativen Urteil über die Impotenz versucht werden, den Nichtigkeitsgrund der *Eheführungsunfähigkeit* einzuführen. Jemand, der nämlich nicht ganz impotent ist, kann durchaus unfähig sein, den ehelichen Akt »humano modo«, wie er von der Natur her gefordert wird, zu vollziehen, oder überhaupt unfähig sein, das Recht auf die innige Lebensgemeinschaft zu gewähren (siehe oben).

Die weiteren trennenden Ehehindernisse bereiten kaum Schwierigkeiten. Meist kann das Vorliegen eines Hindernisses schon durch die Vorlage von Dokumenten erwiesen werden, oder es muß nachgewiesen werden, daß von dem betreffenden Hindernis, das dispensabel war, nicht dispensiert wurde.

Indispensabel sind lediglich die Hindernisse der Impotenz, des bestehenden Ehebandes und der Blutsverwandtschaft in direkter Linie und im 1. Grad (germanischer Zählung) der Seitenlinie.

2. MANGEL DES ERFORDERLICHEN ALTERS *(impedimentum aetatis)*

»Ein Mann kann vor Vollendung des 16. Lebensjahres, eine Frau vor Vollendung des 14. Lebensjahres keine gültige Ehe schließen« (c. 1067 § 1 des alten Rechts).

Im neuen Recht bleibt das 14. Lebensjahr für die Frau und das 16. Lebensjahr für den Mann als Mindestalter bestehen, auch wenn es in einzelnen Ländern nach zivilem Recht höher angesetzt ist. Denn es handelt sich hier um die biologische Reife, während die mangelnde psychologische Reife unter die Willensmängel fällt (siehe oben). Es bleibt jedoch den Bischofskonferenzen überlassen, jeweils ein höheres Alter für ihre Diözesen festzusetzen (vgl. Schema c. 1036 § 1 und § 2).

3. BESTEHENDES EHEBAND
(impedimentum ligaminis)

»Solange das Eheband einer früheren Ehe besteht, kann jemand keine gültige Ehe schließen, auch wenn die erste Ehe nicht konsumiert wurde. Die im Paulinischen Privileg enthaltene Ausnahme bleibt aber bestehen.

Wenn auch die erste Ehe ungültig ist oder infolge irgend eines Umstandes gelöst wurde, so ist doch die Eingehung einer neuen Ehe verboten, solange nicht die Ungültigkeit oder die Auflösung der ersten Ehe gesetzmäßig und mit moralischer Gewißheit festgestellt ist« (c. 1069 § 1 und § 2 des alten Rechts).

Dieser Kanon wurde wörtlich ins neue Recht übernommen; der Hinweis auf das Paulinische Privileg gestrichen (vgl. Schema c. 1038 § 1 und § 2).

4. RELIGIONSVERSCHIEDENHEIT
(impedimentum disparitatis cultus)

»Das Hindernis der Religionsverschiedenheit bewirkt, daß eine Ehe nichtig ist, wenn sie geschlossen wird zwischen einer ungetauften Person und einer Person, die in der katholischen Kirche getauft wurde oder zu ihr von der Häresie oder dem Schisma übergetreten ist« (c. 1070 § 1).

Im neuen Recht werden jene Katholiken nicht mehr betroffen sein, die durch einen »formalen Akt« von der katholischen Kirche im Zeitpunkt der Eheschließung abgefallen sind (vgl. Schema c. 1039 § 1).

»Wurde ein Teil der Ehegatten zur Zeit des Eheabschlusses allgemein für getauft gehalten oder war seine Taufe zweifelhaft, so muß man, wie c. 1014 sagt, so lange an der Gültigkeit der Ehe festhalten, bis sicher ist, daß der eine Teil getauft ist, der andere nicht« (c. 1070 § 2 und ebenso Schema c. 1039 § 2).

5. HÖHERE WEIHEN
(impedimentum ordinis)

»Ein Kleriker, der die Höheren Weihen (Subdiakonat, Diakonat, Priester- und Bischofsweihe) empfangen hat, kann keine gültige Ehe eingehen« (c. 1072 und c. 949 des alten Rechts).

Seit dem Motu proprio Papst Pauls VI. »Sacrum Diaconatus Ordinem« vom 18. Juni 1967 (AAS 59,1967,697–704) können verheiratete Männer, die die Diakonatsweihe empfangen haben, ihre Ehe fortsetzen. Im neuen Recht werden diese Diakone, die als Verheiratete die Diakonatsweihe empfangen haben, nicht mehr unter das Hindernis der Höheren Weihen fallen, d. h., sie können auch mehrmals heiraten (vgl. Schema c. 1040 § 1 und § 2).

6. FEIERLICHE GELÜBDE
(impedimentum voti publici et perpetui castitatis)

»Religiosen, die feierliche Profeß abgelegt haben, können keine gültige Ehe schließen. Bei einfachen Gelübden ist die Ehe nur dann ungültig, wenn der Apostolische Stuhl durch ein spezielles Indult diese Wirkung mit den einfachen Gelübden verbunden hat« (c. 1073 des alten Rechts).

Im neuen Recht gilt das Hindernis nur mehr für das öffentliche, ewige Gelübde der Keuschheit in einer Ordensgemeinschaft (vgl. Schema c. 1041).

7. ENTFÜHRUNG
(impedimentum raptus)

Die Entführung einer Frau zum Zweck der Eheschließung kommt im deutschsprachigen Raum selten vor. Man dachte auch daran, dieses Hindernis im künftigen Recht abzuschaffen. Es wurde dann aber doch beibehalten, da die Kirche für alle Menschen aller Kulturen zuständig ist und vereinzelt doch Entführungsfälle vorkommen.

Von der Entführung handelt im alten Recht der c. 1074 § 1–§ 3. Der Substanz nach blieb das Hindernis auch im neuen Recht unverändert (vgl. Schema c. 1042). – Der Vollständigkeit halber sei der Text des geltenden c. 1074 angeführt:

»Das Hindernis der Entführung bewirkt, daß ein Mann eine Frau, die er in der Absicht, mit ihr die Ehe zu schließen, entführt, nicht gültig heiraten kann, solange sie in seiner Gewalt ist.

Das Hindernis hört auf, wenn die Entführte vom Entführer getrennt ist und sich an einem sicheren Ort in voller Freiheit befindet, so daß sie jetzt mit freiem Willen in die Ehe einwilligt.

Soweit die Ungültigkeit der Ehe in Betracht kommt, wird die gewaltsame Zurückhaltung der Frau der Entführung gleichgeachtet. Der Tatbestand ist dann gegeben, wenn ein Mann im Hinblick auf die Ehe eine Frau gewaltsam an dem Orte zurückhält, wo sie ihren Aufenthalt hat oder wohin sie sich freiwillig begeben hat.«

8. VERBRECHEN
(impedimentum criminis)

»Das Hindernis des Verbrechens bewirkt, daß jene keine gültige Ehe miteinander eingehen können, die Ehebruch oder Gattenmord begangen haben, und zwar: 1. wenn sie miteinander Ehebruch begangen und sich gegenseitig die Ehe versprochen haben während des Bestandes ein und derselben rechtmäßigen Ehe; 2. die während des Bestandes ein und derselben Ehe miteinander Ehebruch begingen und versuchten, miteinander eine Ehe zu schließen, und sei es auch nur eine Zivilehe; 3. die miteinander Ehebruch getrieben haben, vorausgesetzt, daß noch während des Bestandes derselben Ehe einer von den zwei Ehebrechern Gattenmord begangen hat; 4. die unter gegenseitiger physischer oder moralischer Mitwirkung Gattenmord begangen haben. Dies gilt auch dann, wenn sie sich nicht durch Ehebruch versündigten« (c. 1075, § 1–3 des alten Rechts).

Im neuen Recht wird nur mehr bei *Gattenmord* das Hindernis des Verbrechens vorliegen. Derjenige Eheweber, der in der Absicht, mit einer bestimmten Person die Ehe zu schließen, den eigenen Ehegatten ermordet, schließt eine ungültige Ehe sowie diejenigen, die unter gegenseitiger physischer oder moralischer Mitwirkung den Gattenmord begingen (vgl. Schema c. 1043 § 1 und § 2).

9. BLUTSVERWANDTSCHAFT
(impedimentum consanguinitatis)

»In der geraden Linie der Blutsverwandtschaft ist die Ehe zwischen allen Vorfahren und Nachkommen ungültig. Es bleibt sich gleich, ob die Blutsverwandtschaft auf ehelicher oder unehelicher Zeugung beruht.

In der Seitenlinie der Blutsverwandtschaft ist die Ehe ungültig zwischen Verwandten bis zum dritten Grade einschließlich (germanische Zählung). Mehrfach ist das Hindernis nur noch, sooft ein mehrfacher gemeinsamer Stamm vorhanden ist.

Bei einem Zweifel, ob die beiden Teile in irgendeinem Grade der geraden Linie oder im 1. Grade der Seitenlinie miteinander blutsverwandt sind, darf die Eingehung der Ehe nicht gestattet werden« (c. 1076 § 1–§ 3 des alten Rechts). – Bei sicherem Vorliegen des Hindernisses wird keine Dispens erteilt.

Im alten Recht herrscht, anders als im deutschen

Recht und dem Eherecht der unierten Ostkirchen, die *germanische* Zählung (vgl. c. 96 § 1–3). Im neuen Recht hat man sich für die *römische* Zählung entschieden.

Die römische Zählung rechnet nach dem Grundsatz: Tot gradus quot generationes! Sie gebraucht das Bild der Stiege, auf deren Stufen man hinaufsteigt, und, falls es sich um eine Verwandtschaft in der Seitenlinie handelt, auf der anderen Seite wieder hinabsteigt.

Das Hindernis der Blutsverwandtschaft wird im neuen Recht auf den 4. Grad römischer Zählung eingeschränkt. Das entspricht dem 2. Grad bisheriger germanischer Zählung. Das Hindernis der mehrfachen Verwandtschaft entfällt (vgl. Schema c. 1044 § 1–4).

10. SCHWÄGERSCHAFT
(impedimentum affinitatis)

Eine Schwägerschaft besteht zwischen dem Mann und den Blutsverwandten der Frau und ebenso zwischen der Frau und den Blutsverwandten des Mannes.

»Die Schwägerschaft macht die Ehe zwischen den Verschwägerten ungültig 1. in der geraden Linie in allen Graden; 2. in der Seitenlinie bis zum 2. Grad einschließlich (germanische Zählung).

Mehrfach wird das Hindernis der Schwägerschaft, sooft das Hindernis der Blutsverwandtschaft mehrfach ist, das ihr zugrunde liegt, und sooft der überlebende Ehegatte mit den Blutsverwandten des verstorbenen Eheteils sukzessiv eine neue eheliche Verbindung eingeht« (c. 1077 § 1 und § 2 des alten Rechts).

Im neuen Recht gilt das Hindernis der Schwägerschaft nur mehr in gerader Linie und zwar in jedem Grad. In der Seitenlinie wurde es beseitigt, und nach Wegfall des Hindernisses der mehrfachen Blutsverwandtschaft gibt es auch keine mehrfache Schwägerschaft mehr (vgl. Schema c. 1045).

11. ÖFFENTLICHE EHRBARKEIT
(impedimentum publicae honestatis)

»Das Hindernis der öffentlichen Ehrbarkeit entsteht aus einer ungültigen, auch nicht vollzogenen Ehe und einem öffentlichen oder notorischen Konkubinat.

Es gilt für den Mann und die Blutsverwandten der Frau bzw. für die Frau und die Blutsverwandten des Mannes bis zum 2. Grad der direkten Linie einschließlich (germanische Zählung)« (c. 1078 des alten Rechts).

Unter einer ungültigen Ehe ist auch eine bloße Zivilehe zu verstehen, die kirchlich wegen Formmangels ungültig ist.

Im neuen Recht wird das Hindernis auf den 1. Grad der direkten Linie eingeschränkt (vgl. Schema c. 1046).

12. GEISTLICHE VERWANDTSCHAFT
(impedimentum cognationis spiritualis)

Das Hindernis besteht zwischen Getauftem und Spender der Taufe, wie auch zwischen Getauftem und Taufpaten (vgl. c. 1079 und c. 768 des alten Rechts).

Es entfällt im neuen Recht.

13. GESETZLICHE VERWANDTSCHAFT
(impedimentum cognationis legalis)

Das Hindernis besteht zwischen Adoptierenden und Adoptiertem und wird im alten Recht als verbietendes oder trennendes Ehehindernis aufgefaßt, je nachdem, ob es im jeweiligen staatlichen Recht ein verbietendes Ehehindernis bildet oder ein trennendes (vgl. c. 1080 und c. 1059 des alten Rechts).

Die Unsicherheit, ob die gesetzliche Verwandtschaft im staatlichen Bereich ein verbietendes oder trennendes Ehehindernis darstellt, wird im neuen Recht insofern behoben werden, als es einfach als *trennendes* Ehehindernis festgesetzt wird, und zwar in gerader Linie in allen Graden und in der Seitenlinie bis zum 2. Grad (römische Zählung) (vgl. Schema c. 1047).

14. DISPENS VON DEN EHEHINDERNISSEN

Wenn jemand die Nichtigkeit seiner Ehe behauptet, weil bei Eheabschluß ein trennendes Ehehindernis bestanden habe, so muß er *neben* der Existenz des Hindernisses beweisen, daß von diesem Hindernis entweder *nie* dispensiert wurde oder daß die Dispens *ungültig* erteilt worden ist.

Beispiel:

Agnes war 12 1/2 Jahre alt, als sie Fritz kennenlernte. Sie wirkte jedoch schon viel älter, da sie groß und ziemlich entwickelt war. Sie lebte bei einer Tante, da ihre eigenen Eltern verstorben waren. Fritz war 20 Jahre alt, arbeitete in einer Tischlerei und wollte sich mit Agnes verloben. Seine Eltern rieten jedoch ab, sie sei doch noch viel zu jung, sie ginge noch zur Schule. Außerdem gefiel ihnen die Familie nicht sehr gut, bei der Agnes wohnte. Als die jungen Leute sich durchsetzten und die Heirat mit dem Pfarrer besprochen wurde, meinte dieser sofort, Agnes sei noch zu jung, sie habe noch nicht das erforderliche Alter von 14 Jahren erreicht und es läge auch kein gewichtiger Grund vor, um eine Dispens von diesem Hindernis zu erhalten. Fritz' Eltern waren erfreut. Die jungen Leute griffen jedoch zu einer List, sie sagten dem Pfarrer, Agnes sei schwanger und müsse unbedingt heiraten, denn die Tante erlaube sicher keinen Nachwuchs in ihrem Haus. Auch seien sie sehr arm, und es würde ein Skandal im Dorf entstehen wegen des unehelichen Kindes. – So unterbreitete der Pfarrer seinem Bischof den Fall und suchte um Dispens des Hindernisses vom erforderlichen Alter an. Die Ehe verlief ganz gut, bis Agnes dann mit 18 Jahren einen Mann kennenlernte, der sie abgöttisch verehrte. Sie trafen sich heimlich. Aber Fritz erfuhr von dem Verhältnis und machte Agnes Vorhaltungen. Seine Eltern meinten, sie hätten ja gleich gesagt, daß Agnes zum Heiraten zu jung war. Sie verstünden gar nicht, warum die Kirche solche »Kinderehen« erlaubt. Da sagte Fritz zu seinen Eltern, daß sie eine Schwangerschaft vortäuschten, um die Dispens vom Hindernis des Alters zu erwirken. Dies berichtete Fritz' Mutter sofort dem Pfarrer. Wenn das wahr ist, sagte der Pfarrer, wurde die Dispens ungültig erteilt, und der Sohn könnte seine Ehe kirchlich für nichtig erklären lassen.

Beweis: Eine Dispens wird dann *ungültig* erteilt, wenn sie auf einem falschen Motiv beruht oder wenn der Dispenserteiler zur Gewährung der Dispens nicht berechtigt war.

Falsches Motiv:

Das Gesuch um Dispenserteilung muß bereits das wahre Motiv enthalten, und das Ansuchen muß der Wahrheit entsprechen. Diese Wahrheit erstreckt sich nicht nur auf den Dispensgrund, sondern auch auf die Person, der die Dispens erteilt werden soll. Es muß z. B. genau feststehen, um welche Person es sich handelt. Die Wahrheit erstreckt sich auch auf das Hindernis, von dem befreit werden soll. Es darf nicht anstelle des Hindernisses des mangelnden Alters das der Blutsverwandtschaft angegeben werden oder bei Blutsverwandtschaft und Schwägerschaft ein entfernterer Grad, als er tatsächlich vorliegt. Die Dispens ist dann gültig, wenn ein näherer Grad angegeben wird anstelle des entfernteren oder wenn bei doppelter Blutsverwandtschaft oder Schwägerschaft ein Hindernis verschwiegen wurde, sofern es das entferntere ist (vgl. c. 1052 des alten Rechts).

Wenn in dem Dispensgesuch mehrere Gründe angegeben wurden, einige aber falsch, andere wieder richtig sind, so ist die Dispens gültig, wenn wenigstens ein einziger Grund der Wahrheit entspricht (vgl. c. 42 des alten Rechts).

Wenn aber kein Grund von mehreren wahr ist oder der einzig angegebene Grund falsch ist, so ist die Dispens ungültig. In diesem Fall gründet sie sich auf falsche Voraussetzungen.

Nur bei Hindernissen niederen Grades ist die Dispens auch dann gültig, wenn der einzig angegebene Grund nicht der Wahrheit entspricht. Niederen Grades sind die Hindernisse der Blutsverwandtschaft im 3. Grad der Seitenlinie, Schwägerschaft im 2. Grad der Seitenlinie (germanische Zählung), öffentliche Ehrbarkeit im 2. Grad, geistliche Verwandtschaft, das Hindernis des Verbrechens, wenn es auf Ehebruch mit Eheversprechen beruht und versuchter auch nur standesamtlicher Trauung. – Alle übrigen Hindernisse sind Hindernisse höheren Grades.

Der Hl. Vater, als oberster Gesetzgeber der Kirche, kann auch ohne Grund (iusta causa) dispensieren. Alle übrigen kirchlichen Würdenträger, Bischöfe, Pfarrer, Priester, Beichtväter, können im Rahmen der ihnen erteilten Dispensgewalt nur mit einem gerechten Grund dispensieren, der sinnvoll und dem Hindernis entsprechend schwer sein muß. Für eine Dispens vom Hindernis der gesetzlichen Verwandtschaft ist kein so wichtiger Grund notwendig als z. B. für das Hindernis der Blutsverwandtschaft im 2. Grad der Seitenlinie. In letzter Zeit wurde jedoch kaum ein vernünftiger Grund abgelehnt, sofern die Dispenserteilung dem Seelenheil der Ehewerber förderlich war.

Wenn sich nun *nachträglich* herausstellt, daß der angegebene Grund nicht der Wahrheit entsprach oder unzureichend war und dies sogar der Dispenserteiler (Bischof, Pfarrer) wußte, so ist die Dispens, wenn sie trotzdem erteilt wurde, ungültig. Sie ist auch dann ungültig, wenn der Dispenserteiler betrogen wurde und den angegebenen Grund für wahr hielt, obwohl er in Wirklichkeit nicht existierte. Ebenso ist die Dispens ungültig, wenn der Bittsteller im guten Glauben einen falschen Grund angab, den er selbst für richtig hielt. Denn die Gültigkeit der Dispens hängt immer von der objektiven Wahrheit ab, nicht nur von der subjektiven Meinung des Bittstellers oder Dispenserteilers. Andernfalls müßte man gelten lassen, daß jeder kirchliche Würdenträger immer gültig dispensiert, was zu Mißbräuchen Anlaß geben könnte.

In einem einzigen gesetzlich vorgesehenen Fall ist die Dispens gültig: wenn der Bittsteller oder der Dispenserteiler im *Zweifel* war, ob der angegebene Grund ausreichend sei oder nicht. Hier ist die Dispens auch dann gültig, wenn sich nachträglich herausstellt, daß der Grund nicht ausreichend war (vgl. c. 84 § 2 des alten Rechts).

In unserem Beispiel ist die Dispens vom Hindernis des erforderlichen Alters (14 Jahre) deshalb ungültig, weil Agnes und Fritz absichtlich einen falschen Grund, nämlich die Schwangerschaft und die damit zusammenhängende Notsituation in Agnes' Familie, dem Pfarrer angegeben haben. Die Dispens wäre auch dann ungültig, wenn Fritz tatsächlich Agnes für schwanger gehalten hätte und das Bittgesuch im guten Glauben abgefaßt hätte.

Die Dispens wäre jedoch in unserem Beispiel gültig erteilt worden, wenn Agnes tatsächlich schwanger gewesen wäre und sich in einer Notsituation befunden hätte, also der angegebene Grund wahr gewesen wäre, oder wenn beide Brautleute, der Pfarrer oder der Bischof ernstlich zweifelten, ob dieser Grund der Schwangerschaft eines noch nicht 14jährigen Mädchens wohl ausreichend wäre für eine Dispenserteilung. Wenn sie überlegten, ob es nicht besser wäre, das Mädchen bringe ein uneheliches Kind zur Welt, als daß es sich schon in so jungen Jahren an einen Mann fürs Leben binde.

Unzuständiger Dispenserteiler:

Von allen allgemeinen Kirchengesetzen, unter die auch die Ehehindernisse fallen, kann nur der Hl. Vater dispensieren. Der Papst übt seine Dispensgewalt durch die römischen Kongregationen aus (hauptsächlich die Sakramentenkongregation, Religiosenkongregation, Kongregation für die Ostkirchen, die Poenitentiarie usw.).

Die Bischöfe (Ordinarien) können nur dann dispensieren, wenn ihnen die Dispensvollmacht ausdrücklich oder implizit verliehen wurde oder in einem Fall, in dem es schwer ist, sich an den Hl. Stuhl zu wenden, und zugleich Gefahr besteht, daß ein Aufschub großen Schaden verursachen würde und es sich außerdem um eine Dispens handelt, die der Apostolische Stuhl zu gewähren pflegt.

Die Bischöfe (Ordinarien) können in bestimmten gesetzlich festgelegten Fällen dispensieren:

1. Wenn der Tatbestand des Hindernisses selbst fraglich ist und wenn es sich um Hindernisse handelt, von denen der Hl. Stuhl gewöhnlich dispensiert (c. 15);

2. In dringender Todesgefahr und zur Beruhigung des Gewissens oder zur Legitimation der Nachkommenschaft, ohne Ärgernis zu erregen, von der kirchlichen Formpflicht und allen kirchenrechtlichen Ehehindernissen, gleich, ob das Hindernis öffentlich oder geheim ist, ob nur ein einzelnes Hindernis vorliegt oder

mehrere, ob das Hindernis einfach oder mehrfach (Blutsverwandtschaft, Schwägerschaft) ist. Ausgenommen sind nur das Hindernis der Priesterweihe und der Schwägerschaft in gerader Linie nach Vollzug der Ehe (c. 1043 des geltenden Rechts).

3. In besonderer Notlage der Brautleute, wenn ein Ehehindernis erst entdeckt wird, nachdem schon alle Vorbereitungen zur Hochzeitsfeier getroffen sind (also auch, wenn es bekannt war, aber erst später dem Ordinarius gemeldet wurde) und die Eheschließung ohne wahrscheinliche Gefahr eines großen Nachteils nicht verschoben werden kann, bis man vom Apostolischen Stuhl Dispens erhalten hat. In dieser Notlage können die Ortsordinarien (Bischöfe) im selben Umfang wie in c. 1043 und unter Einhaltung derselben Bedingungen dispensieren (vgl. c. 1045 § 1 des alten Rechts).

Weiters haben die Ortsordinarien dieselben Dispensvollmachten wie im Fall der besonderen Notlage der Brautleute (c. 1045 § 1), wenn es sich um die Gültigmachung einer bereits geschlossenen Ehe handelt bei derselben Gefahr eines großen Nachteils, wenn man den Apostolischen Stuhl angehen müßte (vgl. c. 1045 § 2 des alten Rechts).

Auch *Pfarrer,* bei der Trauung assistierende Geistliche und Beichtväter für den Gewissensbereich innerhalb der sakramentalen Beichte können bei dringender Todesgefahr unter denselben in c. 1043 genannten Voraussetzungen dispensieren und wenn man sich nicht einmal mehr an den Ortsordinarius – es sei denn nur telegraphisch oder telefonisch – wenden kann (c. 1044 des alten Rechts).

Ebenso steht denselben Pfarrern, Priestern und Beichtvätern die Dispensgewalt in besonderer Notlage der Brautleute und unter denselben in c. 1045 § 1 und § 2 genannten Umständen zu, jedoch nur für geheime Fälle und wenn man sich nicht einmal mehr an den Bischof wenden kann oder nur unter der Gefahr, das Geheimnis (Beichtgeheimnis, Amtsgeheimnis, jedes andere Geheimnis) zu verletzen (c. 1045 § 3 des alten Rechts).

Unter geheimen Fällen sind nicht nur geheime Hindernisse, sondern auch öffentliche Hindernisse zu verstehen, von denen niemand etwas weiß.

Gewöhnlich dispensieren die Bischöfe jedoch aufgrund der ihnen vom Hl. Stuhl *delegierten Gewalt* im Rahmen der Quinquennalfakultäten, damit der Hl. Stuhl nicht zu oft um Dispens angegangen werden muß. Die übrigen Geistlichen dispensieren aufgrund der ihnen von den Bischöfen erteilten Subdelegation (c. 199 § 1–§ 5 des alten Rechts).

In unserem Beispiel ist die Dispens vom Hindernis des Alters wegen der mangelnden »iusta causa« ungültig. Bezüglich der Kompetenz des dispensierenden Bischofs ist sie aber gültig, wenn dieser im Rahmen der Quinquennalfakultäten dispensiert hat oder beim Hl. Stuhl um Dispens angesucht hat. Es handelte sich um keinen Ausnahmefall, in dem der Bischof von sich aus hätte dispensieren können, nämlich um einen in den cc. 15, 1043 und 1045 erwähnten Fall.

Für Ehen, die *nach dem II. Vatikanischen Konzil* geschlossen wurden, gelten die im Konzilsdekret »Christus Dominus« und in den dazu ergangenen Ausführungsbestimmungen (Motu proprio »De Episcoporum muneribus“) aufgestellten Bestimmungen.

Das Konzilsdekret über die Hirtenaufgabe der Bischöfe »Christus Dominus« hat die Dispensgewalt der Bischöfe erheblich erweitert. Als »iusta causa« gilt nur mehr das *geistliche Wohl* der Bittsteller. Die Bischöfe können nach Artikel 8a dieses Dekrets von den allgemeinen Kirchengesetzen (worunter auch die Ehehindernisse fallen) dispensieren, »so oft sie es für das geistliche Wohl der Gläubigen für nützlich erachten«.

Es wird also kaum mehr einen Grund geben, der zur Dispenserteilung nicht ausreichend ist.

Die Ausführungsbestimmungen zum Konzilsdekret »Christus Dominus« sind im Motu proprio »De Episcoporum muneribus« enthalten. Dort werden diejenigen Dispensen aufgezählt, die sich der Hl. Stuhl reserviert hat.

Für Ehen, die nach dem Inkrafttreten des *neuen Kodex* geschlossen werden, gelten die darin festgehaltenen Dispensvorschriften.

Nach dem neuen Recht sind dem Hl. Stuhl nur mehr das Hindernis der Weihe und des öffentlichen, ewigen Keuschheitsgelübdes und des Verbrechens bei Gattenmord zur Dispenserteilung vorbehalten (vgl. Schema c. 1031 § 2,1–2).

Von den übrigen kirchenrechtlichen Hindernissen können die Ortsordinarien dispensieren. – Bei dringender Todesgefahr kann von allen kirchenrechtlichen Ehehindernissen und der mangelnden Eheschließungsform von den in c. 1043 und c. 1044 des alten Rechts genannten Personen und unter denselben Voraussetzungen dispensiert werden. Dasselbe gilt für die bei der Eheschließung assistierenden Diakone und den Beichtvater für den sakramentalen und nichtsakramentalen Bereich (vgl. Schema c. 1032 § 1–§ 4).

In besonderer Notlage oder drängender Verlegenheit bleibt, wie im c. 1045 § 1 und § 3, das Hindernis der Weihe und der ewigen Profeß dem Hl. Stuhl vorbehalten (vgl. Schema c. 1033 § 1). Auch bei der Gültigmachung einer schon geschlossenen Ehe, wenn der Apostolische Stuhl oder der Ortsordinarius ohne schweren Nachteil nicht mehr angegangen werden kann, gilt die Regelung des c. 1045 § 3 des alten Rechts (vgl. Schema c. 1033 § 2).

Negativer Beweis einer nicht erteilten Dispens:

Wenn in den Ehematrikeln der Pfarre die Dispens vom Ehehindernis amtlich nicht vermerkt ist und wenn sie auch im Geheimarchiv der bischöflichen Kurie, in dem die Dispensen für den sakramentalen Gewissensbereich eingetragen werden, die den Bischöfen, Pfarrern oder nottrauenden Priestern von der Poenitentiarie gewährt wurden, nicht auffindbar ist, kann gültig behauptet werden, daß eine solche Dispens *niemals gewährt wurde.*

Dieser negative Beweis ist zulässig, und zwar auch deshalb, weil man sonst der Pfarre oder bischöflichen Kurie eine Nachlässigkeit in der Amtsführung vorwerfen würde.

Um diesen negativen Beweis zu entkräften, muß ein stichhältiger Gegenbeweis erbracht werden.

Die mangelnde Eheschließungsform
(defectus formae)

»Damit eine Ehe zustande kommt, ist nötig, daß rechtsfähige Nupturienten (d. h. frei von Ehehindernissen) in übereinstimmender Weise ihren gegenseitigen ehelichen Willen (d. h. frei von Willensmängel) *in gesetzlicher Form* kundgeben ...« (c. 1081 § 1 des alten Rechts).

Die »gesetzliche« oder kanonische Eheschließungsform wurde von der Kirche nach dem Konzil von Trient eingeführt. Sie ist daher ein rein positives Kirchengesetz, von dem auch dispensiert werden kann, und verpflichtet »ad personam« nur Katholiken, die entweder in der katholischen Kirche getauft wurden oder zu ihr übergetreten sind (Konvertiten). Akatholiken und Ungetaufte sind von der katholischen Formpflicht nicht betroffen. Ihre Ehe ist auch dann gültig, wenn sie vor einem Religionsdiener einer anderen christlichen Religion oder nur am Standesamt geschlossen wurde.

Die kanonische Formpflicht wird auch ins neue Recht übernommen. Nur werden diejenigen Katholiken nicht mehr zu ihrer Einhaltung verpflichtet, die durch formellen Akt aus der katholischen Kirche ausgetreten sind (vgl. Schema c. 1072).

Katholiken des lateinischen oder orientalischen Ritus sind jedoch, wenn sie eine Ehe mit *Orthodoxen* (ostkirchlichen Nichtkatholiken) eingehen, an die Anwesenheit eines gültig geweihten Amtsträgers (minister sacer) gebunden. Die Einhaltung der katholischen Formpflicht ist nur zur Erlaubtheit vorgeschrieben, die der Präsenz des orthodoxen Amtsträgers aber zur Gültigkeit erforderlich.

Die Ehe wird *gültig* unter Einhaltung der kanonischen Form dann geschlossen, wenn sie vor dem zuständigen Pfarrer (gewöhnlich jener der Braut), dem Ortsordinarius oder einem von den beiden delegierten Priester oder Diakon *und* vor wenigstens zwei Zeugen eingegangen wird (c. 1094 des alten Rechts). Daran hat das neue Recht nichts geändert (vgl. Schema c. 1062 § 1).

Die Nichtigkeit der Ehe wegen mangelnder Eheschließungsform (defectus formae) reduziert sich meist auf zwei Fälle:

1. Wenn die Ehe nur vor Zeugen oder nur vor dem zuständigen Bischof, Pfarrer, Priester, Diakon oder nur einem Zeugen geschlossen wurde.

2. Wenn der der Trauung assistierende Geistliche keine Vollmacht zur Eheassistenz hatte.

Beispiel:

Herbert und Grete lernten sich an einem Marienwallfahrtsort kennen. Nach der Verlobung beschlossen sie, auch in dieser Marienkirche zu heiraten. Grete ging zum P. Superior der Kirche und meldete die Hochzeit an. Dieser meinte, wenn sie am 15. August heiraten wollten, dann müßten sie schon frühmorgens kommen, denn am Großen Frauentag sei ein Riesenbetrieb in seiner Kirche, und er habe dann noch andere Trauungen vorzunehmen. Grete und Herbert waren damit einverstanden. Sie kamen mit der ganzen Sippe schon am Vorabend in dem Wallfahrtsort an. Nur Gretes Vater, der als Trauzeuge fungieren sollte, war am Abend verhindert, versprach aber, am Morgen rechtzeitig in der Kirche zu sein. Er verspätete sich jedoch und kam gerade noch zum kleinen Empfang, der nach der Heirat in einer Gaststätte abgehalten wurde, zurecht. Das Paar fuhr auf Hochzeitsreise. Die Ehe wurde nicht sehr glücklich. Herbert war zu streng, er arbeitete in einem statistischen Amt und die Ordnung galt ihm alles. Grete war übertrieben religiös. Wegen einer Unmenge frommer Andachten vernachlässigte sie den Haushalt. Kurz vor dem endgültigen Bruch der Ehe sprach Grete mit ihrem Pfarrer. Dieser fragte sie, warum sie denn nicht in seiner Pfarre geheiratet hätten, er erinnere sich nicht daran, dem P. Superior des Wallfahrtsortes eine Trauungsvollmacht ausgestellt zu haben. Nachforschungen ergaben, daß in der Ehematrikel von Gretes Pfarrkirche die Ehe von Herbert und Grete eingetragen war. Das muß wohl in meiner Abwesenheit geschehen sein, bemerkte der Pfarrer und fügte hinzu, daß die Unterschrift des P. Superior vorhanden wäre, es fehlte aber die Vollmachtserteilung zur Trauung. – Die Ehe wurde also aus zwei Gründen angeklagt: wegen der Anwesenheit nur eines Zeugen und wegen der fehlenden Trauungsvollmacht des P. Superior.

Beweis: Die Ehe von Herbert und Grete ist auf keinen Fall nichtig wegen der Anwesenheit nur eines Zeugen. Um Zeuge bei einer Eheschließung zu sein, reicht die *passive* Gegenwart des Zeugen aus. Es genügt, daß der oder die Zeugen zugleich mit dem Brautpaar und dem assistierenden Geistlichen anwesend sind und daß sie, ohne sich der Zeugenschaft aktiv bewußt zu sein oder bewußt Zeuge sein zu wollen, den Vorgang der Trauung wahrnehmen und darüber berichten können. Als Trauzeugen sind daher alle Menschen, Männer, Frauen, Unmündige, Geistliche, Nonnen, Ungläubige, Exkommunizierte, Häretiker usw. zulässig.

Da nun die Trauung von Herbert und Grete am Fest Mariä Himmelfahrt in einer Marienwallfahrtskirche stattgefunden hat, bei der eine Unmenge Leute zusahen und außerdem Grete mit vielen Gästen zur Hochzeit kam, kann die Ehe niemals wegen der Anwesenheit nur eines Zeugen für nichtig erklärt werden. Hunderte von Zeugen können über diese Eheschließung berichten, auch wenn sie nicht bewußt als Trauzeugen auftraten.

Die fehlende Unterschrift von Gretes Vater als Trauzeuge stellt im Eheprozeß die Vermutung auf, daß tatsächlich die Ehe nur vor einem Zeugen geschlossen wurde. Denn Ehematrikel einer Pfarre sind öffentliche Urkunden, die echt vermutet werden und die über das, was in ihnen unmittelbar und hauptsächlich beurkundet wird, vollen Beweis machen. Dieser Beweis – die Anwesenheit nur eines Zeugen – muß nun durch Parteien- und Zeugenaussagen entkräftet werden. Grete und Herbert wie auch die Hochzeitsgäste, der trauende P. Superior und vielleicht noch andere Personen werden über die Trauung und die Anwesenheit von Zeugen in der Kirche befragt, so daß das kirchliche Gericht mit moralischer Sicherheit zur Überzeugung gelangen kann, daß mehr als ein Zeuge von dieser Trauung informiert war.

Schwieriger ist die Beantwortung der Frage, ob die Ehe von Herbert und Grete wegen der fehlenden Trauungsvollmacht des P. Superior nichtig ist.

Es steht aus der Ehematrikel fest, daß keine Vollmacht erteilt wurde. P. Superior wäre nach c. 1103 § 1 des alten Rechts zur Eintragung der gewährten Vollmacht verpflichtet gewesen. – Die Rechtsvermutung spricht für die Nichtigkeit der Ehe.

Hinzu kommt, daß eine Trauungsvollmacht *ausdrücklich* einem bestimmten Priester oder Diakon (der z. B. namentlich genannt wird) und nur für eine bestimmte Trauung erteilt werden darf. Eine allgemeine Vollmacht haben nur Kapläne für ihre Pfarre. Unter »ausdrücklich« versteht man eine Bevollmächtigung, die entweder in Worten oder implizit durch eindeutige

Handlungen erteilt wurde. Eine interpretative Bevollmächtigung scheidet aus: »Wenn angesucht worden wäre, würde die Vollmacht erteilt worden sein!« Ebenso scheidet eine nur vermutete Vollmachtserteilung aus, die nicht der Wahrheit entspricht. Die Vollmacht kann auch nicht stillschweigend erteilt werden, etwa so, daß der zur Bevollmächtigung zuständige Priester ruhig zusieht, wie ein anderer Geistlicher oder Diakon die Trauung vornimmt, ohne dazu eine Erlaubnis zu haben.

In unserem Beispiel wurde die Vollmacht sicher nicht ausdrücklich erteilt, denn der Pfarrer von Grete wußte gar nichts von der Hochzeit in der Wallfahrtskirche.

Eine erteilte Vollmacht muß nach der überwiegenden Mehrheit der kirchlichen Richter auch vom trauenden Priester oder Diakon *angenommen* werden, es sei denn, ein Untergebener erhält von seinem Oberen eine Vollmacht, oder der trauende Priester hat tatsächlich um die Vollmacht angesucht, und diese trifft erst später ein.

Um nun die Gläubigen vor einer unverschuldeten Nichtigkeit ihrer Ehe zu bewahren, wie es bei der fehlenden Trauungsvollmacht des Priesters oder Diakons der Fall wäre, wendet die Kirche den c. 209 des alten Gesetzbuches auch auf die fehlende Trauungsgewalt an.

Nach diesem c. 209 *ergänzt* die Kirche bei Vorliegen eines allgemeinen Irrtums oder eines positiven und begründeten Zweifels die fehlende Trauungsvollmacht: Ecclesia supplet!

Es muß also ein allgemeiner Irrtum vorliegen, keine Unwissenheit, ob eine Trauungsvollmacht von Gretes Pfarrer dem P. Superior für die Trauung von Herbert und Grete überhaupt notwendig gewesen wäre. Es muß ein *allgemeiner Irrtum* über die nicht erteilte Vollmacht vorliegen. Ein solcher Irrtum kann nur aus einem gutgläubigen Titel entspringen. Wenn z. B. ein ständig in einer Pfarrkirche amtierender Geistlicher von den Gläubigen für den Pfarrer oder den Kaplan des Pfarrers gehalten wird, so liegt ein allgemeiner Irrtum vor. Die Allgemeinheit der Gläubigen muß sich irren, nicht nur einige wenige Einzelpersonen, so daß es als Ausnahme gilt, wenn der eine oder andere Kirchenbesucher nicht in Irrtum geführt wird.

Auch der rein private Irrtum des trauenden Geistlichen, der etwa bei der Trauung zum vermeintlichen Wohl der Gläubigen gehandelt hat, reicht nicht aus. Im Ernstfall sind alle Umstände des Falles zu erforschen, das Motiv des Irrtums, des Handelns des trauenden Priesters, die Meinung der Pfarrkinder usw.

Die Ehe von Herbert und Grete ist nur dann nichtig, wenn sich das Brautpaar, die Gäste und alle an der Hochzeit beteiligten Gläubigen in Unwissenheit befanden über die Notwendigkeit einer Trauungsvollmacht des P. Superior durch den Pfarrer der Braut Grete. Sie ist auch ungültig, wenn nur der P. Superior sich über die Vollmacht irrte, er vielleicht zu spät darum angesucht hat oder er überhaupt vergessen hat, darum anzusuchen. Hier liegt kein Irrtum, sondern bereits Nachlässigkeit vor.

Achtung: Die Ehe von Herbert und Grete ist *gültig*, wenn allgemein die Meinung bestand, und zwar bei den Gläubigen der Wallfahrtskirche, den Hochzeitsgästen und dem Brautpaar selbst, daß es sich bei P. Superior um einen Geistlichen handelte, der kraft besonderer Vollmacht zur Vornahme jeder Trauung in seiner Kirche berechtigt war. Die Ehe ist auch dann gültig, wenn allgemein die Meinung bestand, die Vollmacht wurde erteilt, weil dies an diesem Wallfahrtsort beinahe automatisch geschähe. In solchen Fällen *ergänzt* die Kirche die fehlende Trauungsvollmacht und bewahrt die gläubigen Eheleute vor einem ungültigen Eheabschluß.

Der trauende Priester oder Diakon darf nicht nur *passiv,* wie die Zeugen, sondern muß *aktiv* anwesend sein. Er muß vom Verstand und Willen her in der Lage sein, den Ehewillen der Brautleute im Namen der Kirche entgegenzunehmen. Er muß die Personen identifizieren können, sich bewußt sein, eine Amtshandlung vorzunehmen und darf dazu nicht gezwungen oder erpreßt worden sein.

Im neuen Recht wird die Vollmacht, allerdings nur schriftlich, auch allgemein ausstellbar sein (vgl. Schema c. 1065 § 1 und § 2). – Neben dem Pfarrer der Braut ist auch der des Bräutigams zur Trauungsassistenz berechtigt (vgl. Schema c. 1070).

Das kirchliche Ehenichtigkeitsverfahren

Am 28. März 1971 hat Papst Paul VI. das Motu proprio »Causas matrimoniales« erlassen, das den Eheprozeß weitgehend vereinfachte und die bis dahin geltenden Kanones (1960–1992) des alten Gesetzbuches und die von der Sakramentenkongregation am 15. August 1936 erlassene Eheprozeßordnung für die Diözesangerichte (EPO) zum Teil außer Kraft setzte. – Dieses Motu proprio ist im Anhang unter C. abgedruckt.

1. ZUSTÄNDIGKEIT DES GERICHTS

Jede Ehenichtigkeitsklage muß beim zuständigen Diözesangericht eingebracht werden.

Zuständig ist *entweder:*

a) Das Gericht der Diözese, in der die Ehe geschlossen wurde. Wenn jemand z. B. in der Wallfahrtskirche Mariazell geheiratet hat, ist das Diözesangericht Graz-Seckau als Gericht des Eheschließungsortes zuständig.

b) Das Gericht, in dem die nichtklagende (aufgerufene) Partei ihren Wohnsitz hat. – Im künftigen Recht wird auch das Gericht der Diözese zuständig sein, in der die klagende Partei selbst ihren Wohnsitz hat (vgl. Schema c. 1625,3).

c) Das Gericht der Diözese, in der die meisten Beweise zu erheben sind. Wenn z. B. die meisten Zeugen in der Diözese Limburg wohnen, die Ehe aber in Altötting geschlossen wurde und die nichtklagende

Partei in Frankreich oder sonst wo im Ausland wohnt, ist es am besten, beim kirchlichen Gericht der Diözese Limburg den Eheprozeß zu beginnen.

2. ABFASSEN DER KLAGESCHRIFT

Wenn jemand seine Ehe kirchlich für nichtig erklären lassen will, muß er zunächst eine Klageschrift abfassen. Er wendet sich am besten an das Diözesangericht selbst. Dort wird man ihn entweder an einen kirchlichen Anwalt oder eine im Kirchenrecht ausgebildete Person verweisen, die ihm bei der Abfassung der Klageschrift behilflich sein kann.

Man kann auch mündlich die Klage bei Gericht vorbringen oder, wenn keine Anwälte vorhanden sind, die Klage mit Hilfe des kirchlichen Richters selbst zu Papier bringen.

Beim kirchlichen Diözesangericht besteht kein Anwaltszwang. Dies ist nur beim römischen Diözesangericht und bei der S. R. Rota der Fall.

Die Klageschrift soll so abgefaßt sein, daß sich der Richter vom Kennenlernen der Parteien bis zum Bruch der Ehe ein Bild machen kann. Sie muß sich auf gesetzlich zugelassene Nichtigkeitsgründe stützen, und das, was in der Klageschrift behauptet wird, muß der Wahrheit entsprechen.

3. NATUR DES KIRCHLICHEN EHEPROZESSES

Beim kirchlichen Ehenichtigkeitsverfahren handelt es sich nicht um einen Schuldprozeß, schon gar nicht um einen Strafprozeß. Angeklagt ist nicht der andere Ehepartner, auch dann nicht, wenn er die Ungültigkeit der Ehe verursacht hat. Angeklagt ist immer nur das

Eheband selbst bzw. der Ehebandverteidiger, der das Eheband zu verteidigen hat.

Es handelt sich weiter um einen Prozeß, der geheim durchgeführt wird. Die Parteien und Zeugen werden einzeln vernommen, in Anwesenheit des Untersuchungsrichters, Ehebandverteidigers und eines Notars. Im neuen Recht wird auch die Anwesenheit des Anwalts gestattet sein (vgl. Schema c. 1630 § 1).

Die Parteien und Zeugen sagen unter Eid aus und sind zur Geheimhaltung des Gesagten verpflichtet.

Im kirchlichen Eheprozeß gilt der Grundsatz: »Salus animarum suprema lex«! – Oberstes Gesetz ist das geistliche Wohl der Eheleute. Deshalb gibt es im Eheprozeß auch *keine Rechtskraft*. Im allgemeinen sind zur Gültigkeits- oder Ungültigkeitserklärung einer Ehe zwei gleichlautende Urteile notwendig. Ist jedoch ein Urteil positiv und das andere negativ, muß ein drittes, entscheidendes Urteil eingeholt werden.

Wenn sich jedoch eine Partei trotz Vorliegens zweier gleichlautender Urteile – negativ oder positiv – in ihrem Recht, im Gewissen, verletzt fühlt, kann sie die *Wiederaufnahme* des Verfahrens vor dem nächsthöheren Gericht beantragen. Damit dem Antrag auf Wiederaufnahme des Verfahrens stattgegeben wird, müssen schwerwiegende und neue Argumente oder Dokumente vorgelegt werden, die bereits vorhanden sind. – Ansonsten wird der Antrag abgelehnt.

4. ERNENNUNG DES GERICHTSHOFES

Das kirchliche Ehegericht ist ein Kollegialgericht, das sich aus drei Richtern zusammensetzt. Sie werden vom Diözesanbischof ernannt. In einzelnen Ländern sind auch Einzelrichter zugelassen. Die Richter sind gewöhnlich Geistliche. Ein männlicher Laie kann in

Ausnahmefällen neben zwei geistlichen Richtern im Dreierkolleg tätig sein.

Die Parteien können gegen einzelne Richter oder das Richterkollegium Einspruch erheben, wenn ein ausreichender Grund dafür vorhanden ist. Die Richter können sich auch selbst für befangen erklären, wenn sie z. B. in zu engem Kontakt mit den Parteien stehen oder gar mit einer Partei verwandt sind.

5. STREITEINLASSUNG
(concordatio dubii)

Nachdem der Gerichtshof die Klage angenommen hat, wird der Streitgegenstand förmlich festgesetzt. Die Parteien und der Ehebandverteidiger werden zu einem bestimmten Termin ins Gericht geladen, um z. B. folgende Frage zu beantworten:

»Steht es fest, daß die zwischen Hans und Grete am 1. Mai 1970 in der Pfarrkirche der Diözese X. geschlossene Ehe nichtig ist aus dem Grund des Ausschlusses der Unauflöslichkeit der Ehe seitens der Frau?«

Wurde die Ehe wegen mehrerer Nichtigkeitsgründe angeklagt, so sind alle angegebenen Gründe in die Prozeßfrage aufzunehmen.

Bei der Streiteinlassung kann die nichtklagende Partei ihre Meinung über die von der klagenden Partei behauptete Nichtigkeit der Ehe aussprechen. Sie kann zustimmen, leugnen, sich völlig gleichgültig verhalten, sich der Gerechtigkeit des Gerichts überlassen oder auch überhaupt nicht erscheinen. Im letzteren Fall wird sie nochmals geladen, und wenn die nichtklagende Partei sich an dem Prozeß überhaupt nicht beteiligen will, wird sie für *säumig* erklärt, und das Verfahren ohne sie weitergeführt.

6. BEWEISVERFAHREN

Nach der Streiteinlassung, die den förmlichen Beginn des Verfahrens darstellt, werden die Parteien und Zeugen einvernommen. Es können Schriftstücke als Beweis vorgelegt werden. Diese, etwa Briefe, ärztliche Zeugnisse, Urkunden, Zivilakten, Dokumente, Rezepte usw. müssen authentisch sein oder in beglaubigter Abschrift vorgelegt werden. – Briefe, die sich die Eheleute noch vor der Heirat geschrieben haben, sind besonders wertvoll. Denn sie geben Aufschluß über das Zustandekommen der Ehe, die vorhandene gegenseitige Liebe, Zweifel, eventuelle Streitigkeiten, Mißverständnisse, Einfluß der Eltern usw. Auch solche Briefe, die erst nach der Ehe geschrieben wurden, können aufschlußreich sein, wenn sie noch in unverdächtigter Zeit verfaßt wurden.

Die *unverdächtigte Zeit* (tempus nondum suspectum) erstreckt sich bis zum Bruch der Ehe, auch bis zur Scheidung und oft auch noch bis zum Beginn des kirchlichen Nichtigkeitsverfahrens. Dies ist von Fall zu Fall zu entscheiden. Schriftstücke, Briefe usw. wie auch Aussagen der Parteien oder Zeugen, die aus bereits verdächtiger Zeit stammen, sind wertlos, denn man vermutet mit Recht, daß sie im Hinblick auf das Ehenichtigkeitsverfahren geschrieben oder gesprochen wurden.

Wenn es sich um medizinische Nichtigkeitsgründe handelt, wie die Impotenz, Geisteskrankheit, mangelndes Urteilsvermögen, Eheführungsunfähigkeit, müssen mindestens ein oder zwei oder mehrere Sachverständige vom Gericht beigezogen werden. Diese untersuchen den Ehepartner, und wenn dieser eine Untersuchung verweigert, statten sie ihr ärztliches Gutachten nur über den Akteninhalt ab. Der Sachverständige muß sein Gutachten auch vor Gericht mündlich bestätigen und eventuell aufklärende Fragen beantworten. Ärzte, die einen der Eheleute noch vor Prozeßbeginn behandelt haben, sind wertvolle Zeugen, wenn sie vom Patienten zur Aussage ermächtigt werden. Sie können aber nicht als ärztliche Sachverständige fungieren.

Beichtväter und Priester, die das Beichtgeheimnis zu wahren haben, sollten überhaupt nicht aussagen. Wenn ihre Aussage jedoch unbedingt nötig ist, müssen sie ausdrücklich erklären, daß sie imstande sind, zwischen dem Wissen über die Parteien und dem Wissen aus der Beichte zu unterscheiden.

Es können auch Schriftsachverständige beigezogen werden, wenn die Handschrift von Briefen oder anderen Schriftstücken ermittelt werden soll.

7. VERTEIDIGUNG DER PARTEIEN

Nach Abschluß des Beweisverfahrens erhalten die Parteien und ihre Anwälte wie auch der Ehebandverteidiger *Akteneinsicht*. Sie müssen davon nicht Gebrauch machen.

Sollte die eine oder andere Partei beim Lesen der Akten auf unrichtige Behauptungen stoßen, so hat sie das Recht, diese richtigzustellen oder auch ein ergänzendes Beweisverfahren zu beantragen. Es werden dann einige Zeugen oder die Parteien selbst nochmals vernommen, Widersprüche aufgeklärt oder sogar neue Zeugen verhört.

Nach dem *Aktenschluß* beginnt das Stadium der Verteidigung. Kläger und nichtklagende Partei haben das Recht, sich juristisch zu verteidigen. Wenn die Parteien einen Anwalt haben, so ist es Aufgabe des Anwalts, eine Verteidigungsschrift abzufassen, auf die dann der Eheverteidiger antwortet. Der Ehebandverteidiger schreibt im Interesse des bestehenden Ehebandes. Der Anwalt ist für die Nichtigkeit der Ehe, er soll auf die Bemerkungen des Ehebandverteidigers nochmals antworten. Das letzte Wort hat jedoch immer der Ehebandverteidiger.

8. URTEIL

Binnen Monatsfrist nach Erhalt der Schriftsätze der Anwälte und des Ehebandverteidigers sollte das Gericht das Urteil in erster Instanz fällen. Es lautet entweder auf Gültigkeit oder Ungültigkeit der Ehe. Das Urteil muß begründet sein und die Unterschrift der Richter tragen. Die Richter stützen sich bei der Entscheidung auf den Akteninhalt, den sie nach ihrem Gewissen beurteilen. Bleibt ein Zweifel über die Nichtigkeit der Ehe bestehen, sind sie verpflichtet, negativ zu entscheiden.

Bei der Urteilsfällung müssen die Richter keine *absolute* Gewißheit erlangt haben, sondern es reicht die *moralische Sicherheit* aus. Diese besteht darin, daß sie jeden begründeten und vernünftigen Zweifel ausschließt, also keine Wahrscheinlichkeit ist, aber doch die absolute Möglichkeit des Gegenteils nicht unbedingt ausschließt.

9. BERUFUNG

Sobald die Parteien und der Ehebandverteidiger das Urteil erhalten haben, können sie binnen zehn Tagen ab Erhalt des Urteils dagegen Berufung einlegen. Der Ehebandverteidiger ist bei einem positiven Urteil verpflichtet zur Berufung. Die Parteien können, müssen aber nicht Berufung einlegen.

Es kann sein, daß eine Partei nach Erhalt eines negativen Urteils so enttäuscht ist oder auch durch die Urteilsbegründung von der Aussichtslosigkeit des Verfahrens so überzeugt ist, daß sie eine Berufung für überflüssig hält.

Es kann auch sein, daß nicht nur der Ehebandverteidiger nach einem positiven Urteil, sondern auch die nichtklagende Partei Berufung gegen dieses Urteil einlegt. Dies dann, wenn sie trotz des positiven Urteils von der Gültigkeit ihrer Ehe überzeugt ist.

Die Berufung wird bei demselben Gericht eingelegt, das das Urteil fällte, muß aber binnen Monatsfrist beim nächstübergeordneten Gericht verfolgt bzw. begründet werden. Neben dem gesetzlich festgelegten übergeordneten Gericht 2. Instanz ist *fakultativ* auch die S. R. Rota zuständig. Es bleibt den Parteien überlassen, an welches Gericht sie sich in der 2. Instanz wenden wollen.

10. BERUFUNGSVERFAHREN

Das Ehegericht 2. Instanz verhält sich, je nachdem das Ersturteil positiv oder negativ ist, verschieden. Im Falle eines positiven Urteils ersucht es den Ehebandverteidiger, ein Gutachten »pro rei veritate«, also nicht zugunsten des Ehebandes, sondern im Interesse der objektiven Wahrheit abzugeben. Fällt dieses Gutachten positiv aus, wird der Gerichtshof, wenn er auch von der Nichtigkeit der Ehe überzeugt ist, das Ersturteil einfach mittels eines Dekrets bestätigen. Damit ist das Verfahren beendet.

Wenn das Ersturteil positiv ist, aber vom Ehebandverteidiger nicht bejaht wird oder dem Richterkollegium 2. Instanz unklar und widersprüchlich erscheint, so wird die Ehesache auf den ordentlichen Rechtsweg verwiesen, d. h. eine normale 2. Instanz durchgeführt mit neuen Beweisverfahren, Akteneinsicht, Verteidigung und Urteilsfällung.

Mit dem bestätigenden Urteil 2. Instanz ist das

Verfahren gewöhnlich zu Ende. Hat die 2. Instanz das Vorurteil aufgehoben, muß von der 3. Instanz nochmals entschieden werden. In 3. Instanz ist im deutschsprachigen Raum wieder das nächsthöhere kirchliche Gericht oder auch die S. R. Rota zuständig.

11. DAS VERFAHREN AN DER S. R. ROTA

Für Ehesachen aus deutschsprachigen Ländern ist das Verfahren an der Rota meist eine Kostenfrage. Die Akten müssen nämlich zuerst ins Italienische übersetzt werden. Dann werden die Akten gedruckt und vervielfältigt. Außerdem besteht Anwaltszwang. Die Kosten des Verfahrens sind von den Parteien zu tragen, während bei deutschen, österreichischen und Schweizer Diözesangerichten den größten Teil der Kosten die Kirche selbst übernimmt. Sie ist dazu aufgrund des in den deutschsprachigen Ländern bestehenden Kirchenbeitrages in der Lage.

An der Rota stellt jeder aus drei Richtern bestehende Turnus ein eigenes Gericht dar. Hat die Rota einmal ein Urteil gefällt, kann nur wieder an die Rota appelliert werden, und zwar an den nächsthöheren Turnus. Die Rota besitzt eigene Normen, die sich auf das Verfahren, die Richter, Angestellten, Anwälte und besondere, dem Dekan der Rota gewährte Vollmachten beziehen. Sie richtet nach demselben Recht wie die Diözesangerichte, berücksichtigt jedoch weitgehend ihre *eigene Spruchpraxis.* Da die Urteile der Rota erst zehn Jahre später gedruckt werden, ist diese Spruchpraxis den einzelnen Diözesangerichten nicht immer zugänglich. Diesem Mangel wird durch die Veröffentlichung einzelner Rota-Urteile in verschiedenen juristischen Fachzeitschriften abgeholfen. Auch kann man sich mit Fragen direkt an die Kanzlei der Rota wenden und eventuell Kopien erwünschter Sentenzen anfordern.

12. NICHTIGKEITSBESCHWERDE

Gegen ein Eheurteil kann nicht nur Berufung eingelegt werden, sondern auch eine Nichtigkeitsbeschwerde beantragt werden. Dies ist jedoch nur in gesetzlich bestimmten Fällen erlaubt:

»Wenn das Urteil gefällt worden ist von einem absolut unzuständigen Richter oder von einem Richterkolleg, das nicht aus der in c. 1576 § 1 vorgeschriebenen Anzahl von Richtern bestand. – Wenn einer der beiden Parteien die Prozeßfähigkeit fehlte. – Wenn jemand als Vertreter eines anderen vor Gericht tätig war, ohne dazu in rechtmäßiger Weise bevollmächtigt zu sein« (c. 1892 des geltenden Rechts).

Es handelt sich hier um die *unheilbare* Nichtigkeit eines Urteils, die nie mehr behoben werden kann. Die Nichtigkeitsklage kann in Form der Klage vor dem Richter, der das Urteil gefällt hat, innerhalb von 30 Jahren nach Veröffentlichung des Urteils geltend gemacht werden.

13. DAS ABGEKÜRZTE EHENICHTIGKEITSVERFAHREN

Bei trennenden Ehehindernissen, die sich durch Urkunden nachweisen lassen, und wenn zugleich sicher feststeht, daß von dem Hindernis nicht dispensiert wurde, kann die Nichtigkeit der Ehe in einem vereinfachten Verfahren *(summarischer Prozeß)* ausgesprochen werden. Ein Einzelrichter stellt anhand der vorgelegten Dokumente ohne die für das ordentliche Verfahren vorgeschriebenen Förmlichkeiten die Nichtigkeit der Ehe fest. Der Ehebandverteidiger ist zur Berufung nur dann verpflichtet, wenn er begründete Zweifel an der Existenz des Ehehindernisses oder der Erteilung der Dispens vom Hindernis hegt.

Zweiter Teil: Auflösung der Ehe durch päpstliche Dispens

Dispens einer nicht vollzogenen Ehe

(matrimonium ratum et non consummatum)

»Eine Ehe, die noch nicht vollzogen ist, wird von Rechts wegen durch die feierliche Ordensprofeß gelöst, mag es sich dabei um eine Ehe zwischen zwei Getauften handeln oder um eine Ehe zwischen einem Getauften und einem Ungetauften.

Außerdem kann eine solche noch nicht vollzogene Ehe durch Dispens seitens des Apostolischen Stuhles gelöst werden. Für die Gewährung dieser Dispens wird ein gerechter Grund verlangt.

Der Antrag auf Gewährung der Dispens muß von beiden Ehegatten oder wenigstens von einem Teil gestellt werden. In letzterem Falle kann die Dispens erteilt werden, wenn auch der andere Eheteil nicht damit einverstanden ist« (c. 1119 des alten Rechts).

Im neuen Recht wird die nicht vollzogene Ehe nur mehr durch päpstlichen Auflösungsbescheid und nicht mehr auch durch feierliche Ordensprofeß gelöst werden (vgl. Schema c. 1650 § 2).

1. BEISPIEL

Anna war katholisch und studierte Germanistik. An der Universität lernte sie einen türkischen Studenten, Turan, kennen. Er begann mit Anna ein Verhältnis, und zum Entsetzen von Annas Eltern zogen die beiden nach kurzer Zeit zusammen. Die Vorwürfe häuften sich, Anna war zwischen Turan und ihrem Elternhaus hin- und hergerissen. Auch der Pfarrer erfuhr von

Annas Privatleben und versuchte, sie wieder auf den richtigen Weg zu bringen. Auf einer solchen Verbindung sei kein Segen, meinte er. Entweder man heiratet oder man lebt allein. Anna besprach sich mit Turan, er hatte gegen eine kirchliche Eheschließung nichts einzuwenden. Er war religionslos, aber es war ihm egal. Die Eltern von Anna atmeten auf, wenigstens eine saubere Lösung! – Als der Hochzeitstag näherrückte, waren Anna und Turan nicht mehr so glücklich wie am Anfang ihres Zusammenlebens, es gab viel Streit, die ungleiche Mentalität machte sich allmählich bemerkbar. So geschah es, daß sie nach der Hochzeit gar nicht mehr miteinander verkehrten. Sie trennten sich einige Monate später. Die Ehe wurde nicht vollzogen.

Beweis: Der Nichtvollzug der Ehe kann auf dreifache Weise bewiesen werden:

1. Wenn die Frau integer oder noch Jungfrau ist. Dies muß mit Sicherheit, entweder durch ein ärztliches Attest oder durch glaubwürdige Aussagen feststehen. Man spricht vom »argumentum physicum«.

2. Wenn die Eheleute nach der kirchlichen Trauung nicht zusammenlebten und mit Sicherheit erwiesen wird, daß kein ehelicher Verkehr stattfinden konnte. Dieser Beweis wird »argumentum per coarctata tempora« genannt.

3. Wenn die Frau nicht mehr integer ist, vielleicht auch Kinder geboren hat, kann der Nichtvollzug der Ehe nur durch das »argumentum morale« erwiesen werden. Dieses beruht auf der *ehrlichen* Aussage der bittstellenden Partei, die darüber unter Eid befragt wird. Es wird auch der andere Ehegatte befragt. Die Aussage des Nichtvollzugs der Ehe muß von mindestens zwei Zeugen bestätigt werden, und zwar in dem Sinn, daß diese Zeugen nicht über den Vollzug oder Nichtvollzug der Ehe befragt werden, da sie gewöhnlich beim ehelichen Verkehr nicht anwesend sind,

sondern über die *Ehrlichkeit und Glaubwürdigkeit* der bittstellenden Partei.

Wenn nun der Nichtvollzug der Ehe auf eine der drei Weisen bewiesen wurde, muß zur Gewährung der Dispens ein *gerechter Grund* (iusta causa) vorhanden sein. Niemand hat ein Recht auf die Gewährung der Dispens, sie wird dem Ermessen der Kirche anheimgestellt.

Ein gerechter Grund ist schon darin gelegen, daß die bittstellende Partei eine andere Ehe schließen und eine Familie gründen möchte, daß eine Versöhnung unmöglich ist oder wenn unheilbarer Haß zwischen den Eheleuten besteht, wenn ein Scheidungsurteil vorliegt, Gefahr der Unenthaltsamkeit gegeben ist usw. Praktisch wird jeder Grund angenommen, der im spirituellen Interesse der bittstellenden Partei liegt.

Eine Dispens der nicht vollzogenen Ehe wird jedoch nicht gewährt, wenn sie eine harte Ungerechtigkeit darstellen würde. Wenn sie z. B. nur deshalb angestrebt wird, um dem anderen Ehepartner keinen Unterhalt zahlen zu müssen, für den der Bittsteller sorgepflichtig ist. Die Dispens wird auch dann nicht erteilt, wenn Gefahr der Verwunderung oder gar Skandal unter den Gläubigen dadurch entstehen würde *(periculum scandali)*.

Eine solche Gefahr des Skandals liegt etwa dann vor, wenn trotz Nichtvollzugs der Ehe aus dieser Ehe ein Kind durch Absorption des Samens geboren wurde. Solche Fälle sind selten, und es kann sein, daß eine Dispenserteilung für die unmittelbare Umgebung des Bittstellers in solchen Fällen eher ein Ärgernis ist, zu Diskussionen oder gar Abfall vom Glauben Anlaß gibt.

In unserem Beispiel scheidet das »argumentum physicum« aus, weil Anna schon vor der Ehe mit Turan geschlechtlich verkehrt hat. Auch das zweite Argument ist nicht gegeben, weil beide für zwei Monate nach der

Eheschließung zusammengelebt haben. Es bleibt lediglich das »argumentum morale« übrig.

Die zwischen Anna und Turan geschlossene Ehe kann nur dann dem Hl. Vater zur Dispenserteilung vorgelegt werden, wenn tatsächlich kein ehelicher Verkehr mehr seit der kirchlichen Trauung stattgefunden hat und wenn Maria darüber unter Eid aussagt und eventuell Turan unter Eid den Nichtvollzug bestätigt. Außerdem müssen mehrere Zeugen, wie Annas Eltern, Freunde und Bekannte, über die Ehrlichkeit und absolute Glaubwürdigkeit der Frau aussagen.

Ein gerechter Grund zur Dispenserteilung liegt in unserem Beispiel in der Aussichtslosigkeit einer Versöhnung zwischen Anna und Turan, dann in der Gefahr der Unenthaltsamkeit, da beide noch jung sind. Schwieriger ist vielleicht die Gefahr des Skandals zu verhindern, weil Anna und Turan schon vor der Ehe zusammenlebten. Eine Dispens könnte eventuell in den Augen der Umgebung unverständlich sein. Es sei denn, der befürchtete Skandal wird durch geschickte Aufklärung verhindert.

2. DAS INKONSUMMATIONSVERFAHREN

Die Dispenserteilung wird nicht durch ein gerichtliches Verfahren, sondern auf dem Verwaltungsweg erwirkt. Die um Dispens ansuchende Partei wird auch nicht Kläger, sondern Bittsteller genannt, der sein Gesuch direkt an den Hl. Vater richten muß. Nur der Hl. Vater kann von einer nicht vollzogenen Ehe kraft seiner ihm von Jesus Christus übertragenen Binde- und Lösegewalt dispensieren.

Für den Inkonsummationsprozeß gelten die im Jahre 1972 von der Sakramentenkongregation herausgegebenen Regeln, die jene aus dem Jahre 1923 stammenden Normen verbessern. Diese Instruktion ist im Anhang unter D. abgedruckt.

Das Inkonsummationsverfahren gliedert sich in ein bischöfliches Untersuchungsverfahren und ein römisches Überprüfungsverfahren.

2.1 Das bischöfliche Untersuchungsverfahren

Zuständig zur Annahme des an den Hl. Vater gerichteten Bittgesuches ist der Bischof derjenigen Diözese, in der einer der beiden Eheleute den Wohnsitz hat oder in der die Ehe geschlossen wurde oder die meisten Beweise zu finden sind.

Der Bischof ernennt einen Untersuchungsrichter, gewöhnlich den Offizial oder auch einen rechtskundigen Geistlichen, dann einen Ehebandverteidiger und einen Notar, der als Schriftführer tätig ist.

Das Untersuchungsverfahren konzentriert sich auf die Feststellung des Nichtvollzugs der Ehe. Es werden beide Ehegatten gehört, eventuell eine ärztliche Untersuchung veranlaßt, Dokumente und Briefe überprüft, die in Frage kommenden Zeugen vernommen.

Die Akten werden nicht zur Einsicht freigegeben. Der Ehebandverteidiger arbeitet ein Votum aus, in dem er auf allfällige Schwierigkeiten aufmerksam machen muß, die einer Dispenserteilung entgegenstehen könnten. Die Glaubwürdigkeit der Parteien wird untersucht. Ebenso das Vorliegen eines gerechten Grundes und der Gefahr eines Skandals.

Der Inkonsummationsprozeß steht und fällt mit der Glaubwürdigkeit der Bittsteller. Die Parteien sind auch daran zu erinnern, daß eine Dispens, die sich vielleicht auf falsche Tatsachen gründet, ungültig ist.

Nach Erhalt des Votums des Ehebandverteidigers arbeitet der Bischof selbst sein Votum aus. Er muß, nach Durchsicht der Akten, vor allem die Glaubwürdigkeit der Parteien bestätigen und jeden begründeten

Zweifel hinsichtlich des Nichtvollzugs der Ehe zu beheben versuchen. Das Votum des Bischofs ist sehr wichtig, denn die Sakramentenkongregation in Rom stützt sich entscheidend auf die Aussage des Heimatbischofs der Bittsteller. Es ist deshalb sofort ein ergänzendes Beweisverfahren noch in der Diözese vorzunehmen, wenn begründeter Zweifel an der Glaubwürdigkeit der Parteien oder dem Nichtvollzug der Ehe besteht. Bei einem negativen Urteil des Bischofs wird die römische Kongregation kaum das Gesuch dem Hl. Vater zur Dispenserteilung vorlegen.

2.2 *Das römische Überprüfungsverfahren*

Die Akten sind in dreifacher Ausfertigung, auch in deutscher Sprache, an die Sakramentenkongregation zu senden. Diese entscheidet über die Vollständigkeit des in der Diözese durchgeführten Verfahrens. Sie kann auch Ergänzungen verlangen. Bei begründetem Antrag legt sie dem Hl. Vater das Gesuch zur Dispenserteilung vor.

Es gibt kein Rechtsmittel gegen einen ablehnenden Bescheid. Wenn jedoch neue Beweise, andere Zeugen oder Dokumente vorgebracht werden, eventuell Unwahrheiten eingestanden werden, kann dem Hl. Vater ein neues Bittgesuch vorgelegt werden.

Nach Dispenserteilung informiert die Sakramentenkongregation den Bischof von der gewährten Dispens. Sie muß in den Taufbüchern und im Traubuch eingetragen werden. Die Ehegatten haben das Recht, eine neue kirchliche Ehe zu schließen.

Achtung: Der Dispenserteilung können auch Klauseln beigefügt sein, die entweder eine neue Eheschließung eines oder beider Ehegatten überhaupt (vetitum) oder nur unter bestimmten Voraussetzungen (clausula ad mentem) verbieten.

Der Sinn der Klauseln liegt darin, zu verhindern,

daß die neue Ehe wieder nicht vollzogen wird oder gar ungültig ist. Dies kann dann der Fall sein, wenn der Nichtvollzug der Ehe in der physischen oder psychischen Unfähigkeit eines oder beider Ehepartner gelegen ist.

Die Klausel *ad mentem* (auf deutsch: nach Absicht des Hl. Stuhls) verbietet einem oder beiden Ehegatten nach erteilter Dispens die Wiederverheiratung *nur bedingt,* d. h. nur für den Fall, daß sie den Beweis einer Ehefähigkeit nicht erbringen können.

Die Bedingungen sind gewöhnlich folgende: a) sich vor der Ehe ärztlich untersuchen zu lassen; b) eine gynäkologische Operation vornehmen zu lassen; c) ein psychiatrisches Gutachten einzuholen; d) ein Versprechen vor dem Bischof abzulegen, die ehelichen Pflichten tatsächlich erfüllen zu wollen; e) die Ehe naturgemäß zu vollziehen; f) dem getrennten Ehepartner finanziell beizustehen; g) sich in ein Land zu begeben, in dem die Eheschließung kein Aufsehen erregen würde, und ähnliches mehr.

Die Klausel *vetitum* (Verbot) erlaubt eine neue Eheschließung erst mit Bewilligung des Hl. Stuhles. Ein solches Eheverbot ergeht meist in Fällen, in denen der Nichtvollzug physischer oder psychischer Impotenz zuzuschreiben war. Der Hl. Stuhl erlaubt eine neue Ehe nur dann, wenn zwei ärztliche Sachverständige über die Geeignetheit des Ehewerbers, den ehelichen Verkehr durchzuführen, ein positives Gutachten abgegeben haben.

Weder die Klausel ad mentem noch die Klausel vetitum bewirken bei Außerachtlassung die Ungültigkeit der trotzdem eingegangenen Ehe. Eine solche Ungültigkeit ist nur dann gegeben, wenn dies in der Klausel ausdrücklich vermerkt ist.

Die Klauseln müssen auch ins Ehe- und Taufregister eingetragen werden.

Die Auflösung der nicht-sakramentalen Ehe nach dem Paulinischen Privileg

Eine zwischen zwei Ungetauften geschlossene Ehe wird Naturehe genannt. Sie ist kein Sakrament, denn die Spendung des Ehesakraments setzt den Empfang der Taufe der Ehepartner voraus. Trotzdem ist die Naturehe unauflöslich und bindet auf Lebenszeit. Sie kann jedoch *von außen* durch den Hl. Vater unter Anwendung des »Privilegium Paulinum« gelöst werden.

Der Hl. Paulus sagt in 1. Kor 7,12–15:

»Den übrigen sage ich, nicht der Herr: Wenn ein Bruder eine Frau hat, die ungläubig, aber gerne bereit ist, mit ihm zusammenzubleiben, so soll er sie nicht entlassen. Ebenso soll eine Frau, wenn sie einen Mann hat, der ungläubig, aber gerne bereit ist, mit ihr zusammenzubleiben, ihren Mann nicht entlassen. Denn der nichtchristliche Mann ist durch die Frau geheiligt und die nichtchristliche Frau durch den Bruder; sonst wären ja eure Kinder unrein – nun aber sind sie heilig. Wenn aber der nichtchristliche Teil sich trennen will, so mag er es tun, und der Bruder oder die Schwester sind in solchen Fällen nicht sklavisch gebunden. Im Frieden hat euch Gott berufen. Denn wie kannst du wissen, Frau, ob du deinen Mann retten wirst? Oder wie kannst du wissen, Mann, ob du deine Frau retten wirst?«

Wesentlich bei der Anwendung des Paulinischen Privilegs ist die Bekehrung und Taufe eines Ehepartners und die Weigerung des anderen, die Ehe mit dem getauften Partner ohne Beleidigung des Schöpfers fortzusetzen.

1. BEISPIEL

Erwin arbeitete in einer Fabrik. Er war Heide, wurde aber durch die christliche Gewerkschaft dem katholischen Glauben immer näher gebracht, so daß er sich eines Tages taufen ließ. Seine Frau Agnes hatte nichts dagegen. Sie selbst wollte lieber ohne Religion bleiben. Sie glaube an einen Gott, das genüge ihr vollkommen. So setzten die beiden das Eheleben friedlich fort. Erst als die Kinder dann zur Schule gingen, kamen religiöse Streitigkeiten auf. Agnes war es nicht recht, daß die Kinder »so« katholisch erzogen würden. Sie sollten einmal groß werden und dann frei wählen können. Erwin war aktiv in der katholischen Bewegung tätig. Er hatte das Bedürfnis, auch seine Frau und Kinder an dem religiösen Leben teilnehmen zu lassen. Agnes sträubte sich. Seit du katholisch geworden bist, ist dir alles egal, meinte sie. – Als Erwin eines Tages an einer Wallfahrt teilnahm, nahm Agnes die Kinder und zog zu ihrer Mutter. Sie ließ sich scheiden. Erwin war machtlos. Er verlor den Scheidungsprozeß, und auch die Kinder wurden der Mutter zugesprochen. In seiner Verzweiflung suchte er sich Rat und Trost bei einer Arbeitskollegin, die er nach erlangter Dispens auch in der Kirche heiratete.

Beweis: In unserem Beispiel kann die Ehe durch das Paulinische Privileg gelöst werden, weil Agnes, obwohl sie anfangs nichts gegen die Weiterführung der Ehe einzuwenden hatte, später aus religiösen Gründen nicht mehr mit Erwin zusammenleben wollte.

Achtung: In einem einzigen Fall wird das Privilegium Paulinum nicht angewandt, wenn nämlich Erwin nach der Taufe durch Ehebruch oder ein anderes schuldhaftes Verhalten den Bruch der Ehe selbst verschuldet hätte und Agnes die Ehe trotz der Konversion des Mannes gerne fortgesetzt hätte.

2. DIE PÄPSTLICHEN SONDERREGELUNGEN

Die Auflösung der Naturehe nach dem Paulinischen Privileg wird im alten Recht in den cc. 1120–1127 behandelt.

Im c. 1125 werden die Konstitutionen erwähnt, die die Päpste im 16. Jahrhundert für die Missionsländer erlassen haben. Es sind dies die Konstitution »Altitudo« von Papst Paul III., die Konstitution »Romani Pontificis« von Papst Pius V. und die Konstitution »Populis« von Papst Gregor XIII.

Bei diesen Konstitutionen handelt es sich um eine *Ausweitung* des Paulinischen Privilegs, aber immer noch um die Ehe zweier Ungetaufter, die bei Taufe eines Ehepartners im Augenblick der neuen Eheschließung aufgelöst wird.

Nach diesen Konstitutionen kann z. B. ein neugetaufter Heide, der bisher in Polygamie lebte und sich nicht mehr erinnert, welche Frau die erste war, eine unter diesen Ehefrauen auswählen. Oder ein Neugetaufter kann unter seinen Ehefrauen eine auswählen, falls sich diese taufen läßt. Wenn die Befragung des anderen Ehepartners, ob er die Ehe ohne Beleidigung des Schöpfers fortsetzen möchte, wegen Unmöglichkeit unterblieben ist, so ist die danach eingegangene Ehe des Neugetauften auch dann gültig, wenn sich nachträglich herausstellt, daß der frühere Ehepartner die Ehe gerne friedlich fortgesetzt hätte oder gar selbst im Zeitpunkt der neuen Eheschließung bereits getauft war.

Das neue Recht übernimmt die Vorschriften über das Privilegium Paulinum ohne wesentliche Veränderungen (vgl. Schema cc. 1097–1101), während die päpstlichen Sonderregeln in den §§ 1–4 des c. 1102 neu zusammengefaßt wurden.

3. VERFAHRENSFRAGEN

Auch dieses Dispensverfahren ist ein Verwaltungsverfahren. Es wird vom zuständigen Bischof entweder selbst oder durch eine von ihm bestellte, geeignete Person durchgeführt.

Wichtig ist die Feststellung der Taufe des einen Teils und zugleich die Befragung des anderen Eheteils, ob er sich auch taufen lassen will oder ob er die Ehe friedlich ohne Beleidigung des Schöpfers mit dem getauften Ehepartner fortsetzen will.

Erst bei negativer Antwort des ungetauft gebliebenen Teils erteilt der Hl. Vater die Erlaubnis, eine neue Ehe einzugehen. Aber erst durch den *Abschluß einer neuen Ehe* des getauften Ehepartners mit einem Katholiken oder auch mit einem Akatholiken, ja sogar wieder mit einem Ungetauften, wird die erste Ehe aufgelöst.

Wenn die zweite Ehe als Mischehe oder mit einem Ungetauften geschlossen wird, müssen die jeweiligen Kautionen für Mischehen eingehalten und vom Ehehindernis der Religionsverschiedenheit dispensiert werden.

Der Bischof kann auch von der Befragung des anderen, ungläubig gebliebenen Teils dispensieren, vor allem dann, wenn eine Interpellation unnütz oder unmöglich wäre.

Wenn innerhalb der gestellten Frist keine Antwort gegeben wird, gilt diese als negativ.

Dispens einer nicht-sakramentalen Ehe zugunsten des Glaubens

(in favorem fidei)

Man nennt die Dispens einer nicht-sakramentalen Ehe, bei der nur *ein* Teil ungetauft ist, auch *Privilegium Petrinum*. Von ihr findet sich keine Bestimmung im geltenden Recht.

Die Kirche hat jedoch vereinzelt solche Dispensen erteilt. Im Jahre 1934 erschienen zur Auflösung dieser nicht-sakramentalen Ehen auch Normen, die aber nicht veröffentlicht wurden. Erst im Jahre 1973 wurde das Dispensverfahren »zugunsten des Glaubens« (in favorem fidei) einheitlich geregelt. Die »Instruktion über die Ehelösung zugunsten des Glaubens« wurde auch publiziert und ist im Anhang unter E. und F. abgedruckt.

Nur die unter Getauften gültig geschlossene und vollzogene Ehe ist absolut unauflöslich. Die nicht vollzogene Ehe der Getauften und die nicht-sakramentale Ehe Ungetaufter oder derer, wo nur ein Teil getauft ist, kann, auch wenn sie vollzogen wurde, »von außen« durch den Hl. Vater aufgelöst werden. Wenn man von diesem Prinzip ausgeht, wird die Ausdehnung des Glaubensgutes auch auf dritte Personen verständlich, die von der Auflösung einer nicht-sakramentalen Ehe einen geistlichen Nutzen ziehen. Dann nämlich, wenn sie einen in einer nicht-sakramentalen Ehe lebenden Partner heiraten möchten.

Voraussetzung zur Gültigkeit der Dispens ist, daß ein Teil ungetauft ist und die Ehe nach Empfang der Taufe des ungetauften Teils nicht mehr vollzogen wurde. Es muß auch die katholische Religionsausübung und katholische Erziehung der Kinder dem katholischen Partner zugesichert werden, sei es, daß der katholische Partner die dritte Person ist, die einen zivil verheirateten oder geschiedenen Ungetauften heiraten will, oder daß der Ungetaufte, dessen Ehe aufgelöst wird, nach Empfang der Taufe einen Akatholiken oder wieder einen Ungetauften heiraten möchte. Letzteres allerdings nur unter Einholung der erforderlichen Dispens vom Hindernis der Religionsverschiedenheit.

Um Mißbräuche zu verhindern, wird in den Normen vom Jahre 1973 ausdrücklich festgesetzt, daß eine Ehe, die ein Katholik mit einem Ungetauften nach Einholung der Dispens vom Hindernis der Religionsverschiedenheit geschlossen hat, nicht aufgelöst werden darf, wenn der Katholik nun *neuerdings* einen Ungetauften heiraten will. In einem solchen Fall wird die Auflösung der Ehe nur dann gestattet, wenn der Katholik beim zweitenmal einen Getauften heiraten will (vgl. Art. IV und V der Instruktion aus dem Jahre 1973).

Ebenso darf eine Naturehe dann nicht mehr aufgelöst werden, »wenn sie schon einmal, nach erlangter Auflösung einer früheren Naturehe, geschlossen oder gültig gemacht wurde« (vgl. Art. VI der Instruktion).

Durch diese beiden Bestimmungen wird verhindert, daß jemand eine Ehe im Bewußtsein ihrer Auflösbarkeit eingeht. Eine solche Praxis würde einem Scheidungsrecht gleichkommen und daher Unbehagen und Ärgernis unter den Gläubigen erregen.

1. BEISPIEL

Lisa und Hans arbeiten zusammen in einer Bank. Lisa war Jüdin und Hans katholisch. Hans war sehr gläubig, eine seiner Schwestern trat bei den Ursulinen ein, und ein Onkel war Pfarrer in derselben Stadt. Hans wußte, daß Lisa Jüdin war, sie interessierte ihn nicht weiter. Eines Tages fragte Lisa ihn, wie er sich denn seine künftige Frau vorstelle, und er gab zur Antwort, die geistig-seelische Harmonie sei für ihn alles, er könne sich nicht vorstellen, mit einer Frau verheiratet zu sein, die seinen Glauben nicht teile. Lisa wechselte das Thema. Einige Zeit später erklärte sie Hans, sie wolle katholisch werden. Hans öffnete die Augen, Lisa war von diesem Augenblick an ein anderer Mensch für ihn. Er verliebte sich in sie und dachte, eine Heirat könnte möglich sein. Es wurde auch tatsächlich geheiratet, obwohl Hans' Eltern von einer jüdischen Schwiegertochter nicht begeistert waren und sie Hans noch viel zu jung zum Heiraten hielten. Die Ehe verlief glücklich, nach fünf Jahren wurde eine Tochter geboren. – Dann lernte Hans die katholische Verkäuferin Erna kennen. Mit ihr verbrachte er immer öfter die Freizeit. Er konnte stundenlang mit Erna reden, und zwar über alles. Erna war sehr fromm und dachte nicht daran, Hans von seiner Frau abzubringen. Aber Hans fühlte sich so glücklich mit Erna, daß er nicht mehr ohne sie sein konnte. Er fand bei ihr auch eine religiöse Harmonie, die er mit Lisa nie erlebte. – Langsam zerbröckelte die Ehe. Lisa war eifersüchtig, und Ernas Eltern waren über das Verhältnis ihrer Tochter empört. Nur Hans fühlte sich schuldlos und glücklich. Er suchte um Dispens seiner Ehe an, nachdem er sich von Lisa getrennt hatte. Diese wurde jedoch abgelehnt.

Beweis: In unserem Beispiel sind alle drei Grundvoraussetzungen gegeben, die zur Gültigkeit einer Dispenserteilung vorgeschrieben sind: Lisa hat nie die Taufe empfangen, und die Tochter aus der Ehe von Hans und Lisa war bereits katholisch getauft und besuchte auch katholische Schulen und Institutionen.

Eine andere Frage jedoch ist die, ob unter Berücksichtigung aller Umstände des Falles die Ehe von Hans und Lisa tatsächlich »zugunsten des Glaubens« aufgelöst werden kann.

Es werden nämlich nach der Instruktion aus dem Jahre 1973 neben den zur Gültigkeit der Dispens vorgeschriebenen Bedingungen noch andere Bedingungen erwähnt, die nach Möglichkeit auch erfüllt sein müssen. Diese weiteren Bedingungen sind folgende:

a) Die Ehe zwischen Hans und Lisa muß zerrüttet sein, an eine Wiederaufnahme der ehelichen Gemeinschaft nicht zu denken.

b) Es darf durch die Dispenserteilung kein schweres Ärgernis oder Skandal unter den Gläubigen entstehen.

c) Hans muß für die Tochter aus der früheren Ehe religiös und auch materiell sorgen.

d) Lisa darf sich nicht gegen die Dispens aussprechen.

e) Hans darf nicht schuld an dem Bruch der Ehe sein und Erna nicht an der Entfremdung und Trennung der Ehegatten.

Diese und ähnliche Umstände müssen in jedem Einzelfall *neben* der Erfüllung der zur Gültigkeit der Dispens vorgeschriebenen Bedingungen genau berücksichtigt werden.

In unserem Beispiel wird die Dispens nur dann gewährt, wenn zumindest die Mehrzahl aller unter a bis e aufgezählten Erfordernisse vorhanden ist. – Es genügt nicht, daß Hans bereit ist, für seine Tochter und etwa für die verlassene Lisa materiell Sorge zu tragen und seine Tochter weiterhin religiös zu erziehen. Die Dispens wurde daher mit Recht nicht erteilt. Sie hätte sowohl in Ernas Familie wie in Lisas Bekanntenkreis und auch bei den Verwandten von Hans ein richtiges Ärgernis erregt und niemandem einen geistlichen Nutzen gebracht.

2. VERFAHRENSFRAGEN

Das Verfahren bei der Auflösung der nicht-sakramentalen Ehe zugunsten des Glaubens wird ähnlich durchgeführt wie das bei der Auflösung der nicht vollzogenen Ehe.

Es gliedert sich in einen bischöflichen Untersuchungsprozeß und ein römisches Überprüfungsverfahren. Nur werden die Akten bei der Auflösung zugunsten des Glaubens nicht an die römische Sakramentenkongregation, sondern an die Glaubenskongregation gesandt.

Der Bischof ernennt einen Richter, den Ehebandverteidiger und einen Notar. Die Untersuchung des Falles muß sich vor allem auf die Einhaltung der zur Gültigkeit der Dispens vorgeschriebenen Bedingungen erstrecken. Besonders auf das Fehlen der Taufe und den Nichtvollzug der Ehe nach dem Empfang der Taufe. Dann auf die Sicherstellung der religiösen Kindererziehung.

Erst nach Sicherstellung dieser drei Grundvoraussetzungen werden die anderen Umstände des Falles untersucht. Durch die Vernehmung des Bittstellers und der Zeugen, auch des anderen Ehepartners, muß genau verzeichnet werden, inwiefern auch noch die anderen Bedingungen, die zur Gültigkeit der Dispens nicht unbedingt notwendig sind, erfüllt worden sind.

Nach dem Votum des Ehebandverteidigers arbeitet der Bischof seine Stellungnahme aus und veranlaßt die Übersendung der Akten nach Rom.

Die Glaubenskongregation kann nach Überprüfung des Falles ergänzende Fragen stellen, eventuell Dokumente anfordern – das Scheidungsurteil muß z. B. beigelegt werden – oder den Fall sofort dem Hl. Vater zur Dispenserteilung vorlegen.

Wenn die Dispens tatsächlich erteilt wurde, verständigt die Glaubenskongregation den Bischof, der dann die Eintragung ins Ehe- und Taufregister veranlaßt.

Die Ehe ist mit der Erteilung der Dispens durch den Hl. Vater aufgelöst und nicht erst mit dem Abschluß einer neuen Ehe, wie dies beim Privilegium Paulinum der Fall ist.

Anhang

A. Ansprache Papst Johannes Pauls II. am 26. Oktober 1980 während der Schlußfeier der 5. Bischofssynode (Auszug)

Wenn die Synode von der pastoralen Aufgabe bezüglich der wiederverheirateten Geschiedenen spricht, lobt sie daher die Eheleute, die auch trotz großer Schwierigkeiten in ihrem Leben von der Unauflöslichkeit der Ehe Zeugnis ablegen; in ihrem Leben erhebt sich ein wertvolles Zeugnis der Treue gegen jene Liebe, welche in Christus ihre Kraft und ihr Fundament findet.

Zudem bekräftigen die Synodenväter erneut die Unauflöslichkeit der Ehe und die Praxis der Kirche, die entgegen der Vorschrift wiederverheirateten Geschiedenen nicht zur Eucharistie zuzulassen; sie ermahnen die Oberhirten und die ganze christliche Gemeinde, den genannten Brüdern und Schwestern zu helfen, sich nicht nur nicht von der Kirche getrennt zu fühlen, sondern zu wissen, daß sie durch die Taufe am Leben der Kirche teilnehmen können und sollen: durch das Gebet, das Hören des Wortes Gottes, die Teilnahme an der Gemeindemesse, die Förderung der Liebe und Gerechtigkeit.

Gleichwohl darf man nicht verneinen, daß diese Personen im gegebenen Falle das Sakrament der Buße empfangen können und dann auch die hl. Kommunion, nämlich wenn sie eine Lebensform wählen, die mit der

Unauflöslichkeit der Ehe nicht im Widerstreit liegt; dies geschieht, wenn Mann und Frau sich nicht trennen können, sich aber verpflichten, völlig enthaltsam zu leben, d. h. sich der Akte zu enthalten, welche Eheleuten vorbehalten sind, und wenn die Gefahr des Anstoßes nicht gegeben ist.

Das Nichtvorhandensein einer sakramentalen Versöhnung mit Gott darf die genannten Personen allerdings nicht der Beständigkeit im Gebet entheben, der Übung der Buße und der Nächstenliebe, damit sie doch die Gnade der Bekehrung und des Heiles erlangen. Es ist gut, wenn die Kirche für sie betet und sie im Glauben stützt sowie in der Hoffnung stärkt und sich so als liebende Mutter zeigt. (Verlautbarungen des Informationskomitees, Nr. 52.)

B. Dekret der Glaubenskongregation über die Impotenz als trennendes Ehehindernis vom 13. Mai 1977

Die Kongregation für die Glaubenslehre hat immer daran festgehalten, daß diejenigen nicht an einer Eheschließung zu hindern sind, die eine Vasektomie oder ähnliche Operation an sich vornehmen ließen. Dies deshalb, weil in diesem Fall die Impotenz nicht sicher feststeht.

Angesichts dieser Praxis und nach eingehenden Studien, die teils von dieser Kongregation, teils von der Kommission zur Revision des Codex iuris canonici vorgenommen wurden, haben die Mitglieder dieser Kongregation in ihrer am 11. Mai stattgefundenen Vollversammlung auf die anstehenden Fragen folgende Antwort gegeben:

1. Ob die ein trennendes Ehehindernis bildende Impotenz in einer der Eheschließung vorausgehenden

und dauernden – absoluten oder relativen – Unfähigkeit besteht, den Geschlechtsverkehr auszuführen?

2. Wenn ja, ob zur Ausführung des Geschlechtsverkehrs das Vorhandensein eines in den Hoden erzeugten Samens erforderlich ist?

Antwort zur 1. Frage: Ja.

Antwort zur 2. Frage: Nein.

In einer dem unterfertigten Kardinalpräfekten am 13. Mai desselben Jahres gewährten Audienz hat der Hl. Vater Papst Paul VI. das vorliegende Dekret approbiert und seine Veröffentlichung angeordnet.

Gegeben zu Rom, im Gebäude der Kongregation für die Glaubenslehre, am 13. Mai 1977.

Franz Kardinal Šeper, Präfekt

Hieronymus Hamer, O. P., Sekretär

(Österreichisches Archiv für Kirchenrecht 28, 1977, S. 361.)

C. Deutscher Text des Motu proprio »Causas matrimoniales« vom 28. März 1971

Die Eheprozesse hat die Kirche immer mit besonderer Sorgfalt behandelt, da sie bestrebt ist, durch diese Prozesse die dem Eheband wesentlich zu eigene Heiligkeit zu schützen. Der amtliche Dienst der kirchlichen Richter zeigt in der ihm eigenen Art ganz offensichtlich die Hirtenliebe der Kirche, die wohl weiß, eine wie große Bedeutung die Eheprozesse für das Seelenheil haben.

Da aber in unserer Zeit die Zahl dieser Prozesse von Tag zu Tag zunimmt, kann die Kirche nicht umhin, dieser Tatsache ihre besondere Sorge angedeihen zu lassen. Wie Wir den Prälaten der Sacra Romana Rota in einer Ansprache dargelegt haben, ist diese Zunahme der Eheprozesse »ein deutliches Zeichen dafür, daß das Empfinden schwindet für die der Ehe, der Grundlage der christlichen Familie, wesentlich zu eigene Heiligkeit; ein Zeichen ferner, wie unruhig und aufgewühlt unsere Zeit ist; ein Zeichen endlich für die Unsicherheit der sozialen und wirtschaftlichen Bedingungen, in denen die Familie lebt, und die darum eine Gefahr bedeuten für ihre Festigkeit, ihre Lebenskraft und ihr Glück« (AAS, 58, 1966, S. 154).

Die Kirche gibt freilich der Hoffnung Ausdruck, daß das Bemühen, die geistlichen Güter der Ehe und die seelsorgliche Betreuung der Eheleute aufzuzeigen und zu fördern, wie es das II. Vatikanische Konzil gewollt hat, seine Früchte zeitigen möge, vor allem auch in bezug auf die Festigung des Ehebandes. Gleichzeitig aber wünscht die Kirche durch geeignete rechtliche Bestimmungen es zu vermeiden, daß das geistliche Wohl so vieler Gläubiger durch eine allzu große Dauer der Eheprozesse Schaden leide.

In Erwartung einer umfassenderen Reform der Eheprozeßordnung, die die päpstliche Kommission für die Reform des Kirchenrechtes vorbereitet, schien es Uns daher angezeigt, einige rechtliche Bestimmungen für die Errichtung kirchlicher Gerichte und über die Prozeßordnung zu erlassen, gemäß denen der Eheprozeß schneller durchgeführt werden kann.

Unter Beibehaltung der übrigen kirchenrechtlichen Normen für die Prozesse bestimmen Wir durch dieses Motu proprio und kraft Unserer apostolischen Autorität, daß ab 1. Oktober 1971 an allen kirchlichen, auch den päpstlichen Gerichten folgende rechtliche Bestimmungen genau beobachtet werden, bis der neue Codex des kanonischen Rechtes veröffentlicht wird.

Der zuständige Gerichtshof

I. Die Durchführung von Eheprozessen Getaufter steht gemäß dem der Kirche eigenen Recht dem kirchlichen Richter zu.

II. Prozesse bezüglich der rein bürgerlichen Wirkungen der Ehe stehen dem staatlichen Gericht zu, es sei denn, daß gemäß partikularrechtlichen Bestimmungen diese Prozesse, wenn sie als Zwischen- und Nebenverfahren geführt werden, auch von einem kirchlichen Richter angenommen und entschieden werden können.

III. Alle Eheprozesse, für die jene zuständig sind, die im CIC c. 1557 § 1 Nr. 1 angeführt werden, werden ausschließlich von jener Kongregation, jenem Gericht oder der Sonderkommission durchgeführt, die der Papst in den einzelnen Fällen damit beauftragt hat.

IV. § 1. Für alle übrigen Fälle ist für die Ehenichtigkeitsprozesse zuständig:

a) das Gericht des Ortes, an dem die Ehe geschlossen wurde; oder

b) das Gericht des Ortes, an dem der beklagte Teil seinen ständigen Aufenthalt hat, was aus einem kirchlichen Dokument oder auf andere legitime Weise nachgewiesen werden kann; oder

c) das Gericht des Ortes, an dem tatsächlich das Beweismaterial vor allem zu erheben ist, insofern die Zustimmung des Ordinarius des gewöhnlichen Aufenthaltsortes des beklagten Teiles wie auch des Ordinarius und Vorsitzenden des Gerichtes, bei dem der Prozeß geführt wird, vorliegt.

§ 2. Wenn der Fall eintritt, von dem im vorhergehenden § 1 c die Rede ist, so soll das Gericht, bevor es den Prozeß annimmt, den beklagten Teil fragen, ob er Einwände gegen das Gericht zu erheben hat, an das sich der klagende Teil gewandt hat.

§ 3. Falls bezüglich der lokalen und personalen Gegebenheiten, von denen in § 1 die Rede ist, wesentliche Veränderungen eingetreten sein sollten, so kann der Prozeß, bevor die Beweiserhebung abgeschlossen ist, in besonders gelagerten Fällen von einem Gericht zu einem anderen Gericht, das gleichermaßen zuständig ist, überwiesen werden, wenn die prozeßführenden Teile wie auch die beiden Gerichte einverstanden sind.

Die Errichtung der Gerichtshöfe

V. § 1. Falls weder im Diözesangericht noch, wo dieses besteht, im Regionalgericht ein Kollegium von drei geistlichen Richtern gebildet werden kann, erhält die Bischofskonferenz die Vollmacht, in 1. und 2. Instanz die Bildung eines Kollegiums aus zwei Geistlichen und einem Laien zu erlauben.

§ 2. Wenn in erster Instanz auch durch die Hinzunahme eines Laien das in § 1 erwähnte Kollegium nicht gebildet werden kann, können die einzelnen Fälle eines Ehenichtigkeitsprozesses durch die Bischofskonferenz einem Geistlichen als Einzelrichter übertragen werden. Dieser Richter soll, wo es möglich ist, für den Prozeß einen Beisitzer und einen Auditor hinzunehmen.

§ 3. Die Bischofskonferenz ist befugt, die obengenannten Vollmachten entsprechend ihren Statuten zu gewähren, sei es durch eine Gruppe von Mitgliedern oder wenigstens durch ein Mitglied der Bischofskonferenz, die für diese Aufgabe gewählt werden sollten.

VI. Für das Amt des Beisitzers und Auditors in den Gerichten jeder Instanz können Laien berufen werden; das Amt des Notars können sowohl Männer als auch Frauen übernehmen.

VII. Die Laien, welche derartige Ämter übernehmen, sollen sich durch Treue im katholischen Glauben, einen guten Lebenswandel und zugleich durch Kenntnis des Kirchenrechtes auszeichnen. Wenn es sich um das Amt des Richters handelt, das entsprechend V § 1 einem Laien übertragen werden soll, mögen diejenigen vorgezogen werden, die bereits Erfahrung im Gerichtswesen haben.

Das Appellationsverfahren

VIII. § 1. Vom ersten Urteilsspruch, der die Ehe für nichtig erklärt, hat der Defensor vinculi innerhalb der gesetzlichen Frist an das nächsthöhere Gericht zu appellieren; falls er dies vernachlässigt, soll er durch den Vorsitzenden oder den Einzelrichter dazu angehalten werden.

§ 2. Dem Gerichtshof der 2. Instanz hat der Defensor vinculi seine Bemerkungen vorzulegen und zu sagen, ob gegen den in 1. Instanz gefällten Urteilsspruch etwas einzuwenden ist oder nicht. Gegen diese Bemerkungen soll das Kollegium, falls es dies für angezeigt erachtet, die Meinung der Parteien oder ihrer Anwälte einholen.

§ 3. Nachdem das Urteil eingesehen und die Bemerkungen des Defensor vinculi sowie der Parteien oder ihrer Anwälte, sofern solche eingeholt und gegeben wurden, geprüft worden sind, bestätigt das Kollegium durch sein Dekret den Urteilsspruch der 1. Instanz oder läßt den Prozeß zu einem ordentlichen Verfahren in 2. Instanz zu. Im ersteren Fall haben die Eheleute, falls niemand dagegen Einspruch erhebt und sie selbst nicht anderweitig daran gehindert werden, das Recht, nach Ablauf von zehn Tagen nach Bekanntgabe des Dekrets eine neue Ehe einzugehen.

IX. § 1. Gegen das Dekret des Kollegiums, das den Urteilsspruch der 1. Instanz bestätigt, haben der Defensor vinculi und der Teil, welcher sich benachteiligt glaubt, das Recht, innerhalb von zehn Tagen nach Veröffentlichung des Dekrets an ein höheres Gericht zu appellieren, unter der Bedingung jedoch, daß neues und schwerwiegendes Beweismaterial vorgebracht wird und dieses unmittelbar zur Hand ist. Das Beweismaterial muß innerhalb eines Monats nach Einlegung der Berufung dem Gericht der 3. Instanz vorgelegt werden.

§ 2. Der Defensor vinculi der 3. Instanz kann,

nachdem er den Vorsitzenden des Gerichts angehört hat, diese Berufung unterlassen. In diesem Fall erklärt das Gericht den Rechtsstreit für beendet. Wenn aber der klagende Teil Berufung einlegt, weist das Gericht, nachdem es das innerhalb eines Monats nach Einlegung der Berufung vorgebrachte Beweismaterial geprüft hat, die Berufung entweder durch Dekret ab oder läßt den Prozeß zu einem ordentlichen Verfahren in 3. Instanz zu.

Rechtsnormen für Sonderfälle

X. Wenn aus einem sicheren und authentischen Dokument, gegen das weder ein Widerspruch noch ein Vorbehalt vorgebracht wird, das Bestehen eines trennenden Ehehindernisses feststeht und gleichzeitig mit derselben Gewißheit offenkundig ist, daß für diese Ehehindernisse eine Dispens nicht gegeben wurde, kann der Ordinarius in diesen Fällen von den durch das Gesetz vorgeschriebenen Formalitäten absehen und, nachdem er die prozeßführenden Parteien sowie den Defensor vinculi gehört hat, die Ehe für nichtig erklären.

XI. Ebenso kann der Ordinarius unter den gleichen Bedingungen und auf dieselbe unter X. beschriebene Weise die Ehe auch dann für nichtig erklären, wenn der Prozeß wegen Mangels der kanonischen Form oder eines gültigen Auftrags des Prokurators eingeleitet worden ist.

XII. Gegen diese Entscheidung hat der Defensor vinculi, wenn er begründeterweise der Auffassung ist, daß die Ehehindernisse oder die unter X. und XI. angeführten Mängel nicht sicher sind oder die Dispens von diesen wahrscheinlich erteilt worden ist, an den Richter der 2. Instanz zu appellieren, dem die Unterlagen zu übersenden sind und schriftlich mitzuteilen ist, daß es sich dabei um einen Sonderfall handelt.

XIII. Der Richter der 2. Instanz wird unter alleiniger Beteiligung des Defensor vinculi in derselben unter X. beschriebenen Weise darüber entscheiden, ob der Urteilsspruch zu bestätigen ist oder vielmehr in diesem Streitfall zu einem ordentlichen Gerichtsverfahren zu schreiten ist. In diesem Fall weist er ihn an den Gerichtshof der 1. Instanz zurück.

Übergangsbestimmungen

1. Am Tage, an dem das gegenwärtige Apostolische Schreiben in Kraft treten wird, soll ein Eheprozeß, der nach der Nichtigkeitserklärung in 1. Instanz aufgrund einer rechtmäßigen Berufung beim höheren Gericht fortgesetzt wird, vorübergehend eingestellt werden.

2. Der Defensor vinculi des Gerichts der 2. Instanz soll seine Bemerkungen zu alldem vortragen, was den Urteilsspruch der 1. Instanz betrifft und in den von der 2. Instanz bereits erarbeiteten Unterlagen enthalten ist, und sagen, ob etwas gegen den in 1. Instanz gefällten Urteilsspruch einzuwenden ist oder nicht. Gegen diese Bemerkungen soll das Kollegium, wenn es dies für angezeigt erachtet, die Meinung der Parteien oder ihrer Anwälte einholen.

3. Nachdem die Bemerkungen des Defensor vinculi sowie der Parteien oder ihrer Anwälte, sofern solche eingeholt und gegeben wurden, geprüft wurden und das Urteil der 1. Instanz eingesehen worden ist, bestätigt das Kollegium durch sein Dekret den Urteilsspruch der 1. Instanz oder beschließt, daß der Prozeß in einem ordentlichen Verfahren der 2. Instanz fortgesetzt werden soll. Im ersteren Fall haben die Eheleute, falls niemand dagegen Einspruch erhebt und sie selbst nicht anderweitig daran gehindert werden, das Recht, nach Ablauf von zehn Tagen nach Veröffentlichung des Dekrets eine neue Ehe einzugehen. Im anderen Fall ist der Prozeß bis zu einem abschließenden Urteil fortzuführen.

Alles, was Wir durch dieses Motu proprio bestimmen, soll entsprechend Unserer Anordnung Gültigkeit und Gesetzeskraft haben, ohne daß eventuelle gegenteilige Rechtsnormen, selbst wenn sie besonderer Erwähnung würdig sind, diesem entgegenstehen.

Gegeben zu Rom bei St. Peter, am 28. März 1971, im achten Jahr Unseres Pontifikats.

PAULUS PP. VI.

(Österreichisches Archiv für Kirchenrecht, 23, 1972, S. 34–37.)

D. Deutscher Text der Verfahrensregeln im Inkonsummationsprozeß (hgg. von der Sakramentenkongregation am 7. März 1972)

Da dem Hl. Stuhl in letzter Zeit häufiger Dispensgesuche bezüglich nicht vollzogener Ehen vorgelegt werden, hat diese Kongregation es für gegeben erachtet, zum Nutzen der Gläubigen durch bessere Einleitung und Durchführung dieses Verfahrens vom Hl. Vater einige Verbesserungen der diesbezüglich bestehenden Normen zu erwirken.

Der Papst, der im Besitz der uneingeschränkten Vollmacht ist, geschlossene und nicht vollzogene Ehen aufzulösen,[1] hat den Standpunkt dieser Behörde und die von einigen Seelsorgern vorgebrachten Wünsche erwogen und die Vollversammlung der genannten Kongregation beauftragt, die Angelegenheit zu überprüfen.

Nach eingehender Prüfung der von der Vollversammlung ausgearbeiteten Vorschläge und nach Anhören des katholischen Episkopats hat der Hl. Vater nachstehende Bestimmungen erlassen:

---

[1] C. 1119; Pius XII., Motu proprio Crebrae allatae, 22. Februar 1949, c. 108.

I. Die allgemeine Vollmacht zur Einleitung eines Prozeßverfahrens bezüglich der nicht vollzogenen Ehe

Die Einleitung eines Prozeßverfahrens über die Tatsache des Nichtvollzuges einer Ehe steht ausschließlich[2] der Sakramentenkongregation zu, und zwar nicht nur, wenn es sich um eine von zwei Katholiken geschlossene Ehe des lateinischen oder eines orientalischen Ritus handelt, sondern auch bei Ehen zwischen einem Katholiken und einem – getauften oder nicht getauften – Akatholiken; ferner ist es ihre Aufgabe, über die Existenz eines gerechten und entsprechend wichtigen Grundes für die päpstliche Dispens zu befinden.

Aufgrund dieser Instruktion haben alle Diözesanbischöfe[3] für ihr jeweiliges Territorium die allgemeine Vollmacht, vom Tag der Geltung dieser Instruktion an bis zum Zeitpunkt des Inkrafttretens des neuen CIC das Prozeßverfahren bezüglich der geschlossenen und nicht

---

[2] C. 249 § 3, 1962; Pius XII., Motu proprio Cleri sanctitati vom 2. Juni 1957, c. 196 § 3; Pius XII., Motu proprio Sollicitudinem Nostram vom 6. Jänner 1950, c. 470; Paul VI., Apostolische Konstitution Regimini Ecclesiae Universae vom 15. August 1967, Nr. 56 § 1: AAS 59, 1967, S. 904.

Der Papst pflegt am Beginn seines Pontifikates dem Dekan der Rota die ständige Vollmacht zu bestätigen, auf Antrag des Turnus Inkonsummationsfälle zu behandeln, wenn und inwieweit sie sich aus den an den Gerichtshof der Rota herangetragenen Nullitätsprozessen ergeben. Zweck und Ziel dieser Maßnahme ist es, den Papst hinsichtlich der Dispensgewährung zu beraten.

[3] Unter der Bezeichnung Diözesanbischöfe werden nicht nur die Residentialbischöfe verstanden, sondern auch andere ihnen von Rechts wegen Gleichgestellte: Vgl. II. Vatikanisches Konzil, Dekret über die Hirtenaufgabe der Bischöfe Christus Dominus, Nr. 21: AAS 58, 1966, S. 683. Was insbesondere die Bischöfe der orientalischen Riten betrifft vgl. Paul VI., Apostolisches Schreiben Episcopalis potestatis vom 2. Mai 1967, Nr. 11, AAS 59, 1967, S. 387.

vollzogenen Ehe einzuleiten, so daß die Bischöfe keiner diesbezüglichen Vollmacht des Hl. Stuhles mehr bedürfen.[4] Beim Gebrauch dieser Vollmacht mögen sich die Bischöfe insbesondere die Art. 7 und 8 der »Regulae servandae« vor Augen halten und nachstehendes beachten:

a) Das Verfahren bezüglich der geschlossenen und nicht vollzogenen Ehe ist kein gerichtliches, sondern ein Verwaltungsverfahren. Es unterscheidet sich hiermit von dem bei einem Nullitätsprozeß zur Anwendung gelangenden Verfahren. Im Verfahren über die nicht vollzogene Ehe wird vom Papst eine Gunst erbeten. Desungeachtet ist wegen der Gewichtigkeit der Sache, d. h. der Tatsache des Nichtvollzuges, auf die Wahrheitsfindung kein geringeres Augenmerk zu richten als im eigentlichen Gerichtsverfahren, so daß der Papst nach Kenntnis der Sachlage von seiner Vollgewalt Gebrauch machen kann.

Aufgabe des rechtmäßig bestellten Untersuchungsrichters ist es, jene Beweise zu sammeln, aus denen sich die Tatsache des Nichtvollzuges der Ehe und das Vorhandensein eines gerechten und hinreichend gewichtigen Grundes für die Gewährung der Dispens ergibt. Wenn sich bei Prüfung des Prozeßmaterials herausstellen sollte, daß die angebotenen Beweise nicht ausreichen, so kann die Kongregation je nach Sachlage dem Bischof nahelegen, die Beweise durch geeignete Nachforschungen zu ergänzen.

b) Nur die Ehegatten können eine Dispens von der geschlossenen und nicht vollzogenen Ehe nachsuchen.[5]

---

[4] C. 1963 § 1; Sollicitudinem Nostram, c. 471 § 1; Sakramentenkongregation, Regulae servandae vom 7. Mai 1923, Art. 2: AAS 15, 1923, S. 392; Kongregation für die orientalische Kirche, Instruktion Quo facilius vom 10. Juni 1925, Art. 4: AAS 27, 1935, S. 334.

[5] C. 1973; Sollicitudinem Nostram, c. 480; Regulae servandae, Art. 5; Quo facilius, Art. 1.

Es kann aber dieses Gesuch entweder von beiden Ehegatten eingereicht werden oder auch nur von einem Eheteil; in letzterem Fall auch gegen den Willen des anderen Ehegatten.[6]

Wenngleich es jedem Gläubigen unbenommen bleibt, seine Bitte, die immer direkt an den Papst gerichtet sein muß,[7] unmittelbar an den Hl. Stuhl zu schicken, so empfiehlt es sich doch und ist zu raten, sie an den Bischof zu adressieren, der nach Erwägung aller Umstände die Einleitung des Prozeßverfahrens veranlassen wird. Wenn das Dispensgesuch nur von einem Eheteil vorgelegt wird, dann ist zunächst vor Einleitung des Verfahrens der andere Eheteil außergerichtlich zu befragen, sofern nicht unter besonders gelagerten Umständen etwas anderes geraten erscheint.

c) Bevor der Bischof die Einleitung des Prozeßverfahrens vornimmt, hat er sich vom juridischen Fundament der Bitten und von der Opportunität der Einleitung des Verfahrens zu überzeugen; gleichzeitig möge er es nicht unterlassen, die Ursachen der unter den Eheleuten bestehenden Aversion und die Gründe für das Auseinanderleben zu beseitigen und, soweit möglich, eine Wiederversöhnung in die Wege zu leiten. Dies allerdings nur dann, wenn nicht nach der Lage des Falles ein derartiger Versöhnungsversuch von vornherein überflüssig erscheint.[8]

d) Verwickelte und mit besonderen juristischen oder moralischen Schwierigkeiten belastete Fälle möge der Bischof an diese Kongregation überweisen, die nach sorgfältiger und reiflicher Überlegung aller Umstände dem Bischof mitteilen wird, was im gegebenen Fall zu tun ist.

---

[6] C. 1119; Crebrae allatae, c. 108.

[7] Regulae servandae, Art. 6 § 1; Quo facilius, Art. 1.

[8] Regulae servandae, Art. 10; Quo facilius, Art. 3.

e) Wenn sich bei der Prüfung des Dispensgesuches Zweifel an der Gültigkeit der Ehe ergeben sollten, dann kann der Bischof entweder dem Bittsteller raten, ein ordentliches Gerichtsverfahren zur Ungültigerklärung der Ehe einzuleiten oder, sofern das auf Nichtvollzug lautende Gesuch ein solides juridisches Fundament aufweist, die Erlaubnis zur Einleitung des Inkonsummationsverfahrens erteilen.

Wurde ein Nullitätsprozeß wegen behaupteter Impotenz anhängig gemacht und ergibt sich nach dem Urteil des Gerichtshofes aus dem vorgebrachten Beweismaterial zwar nicht der Nichtigkeitsgrund der Impotenz, wohl aber der Nichtvollzug der Ehe, dann ist, sofern ein Eheteil oder beide um Dispens nachsuchen, das gesamte Aktenmaterial mit den Bemerkungen des Ehebandverteidigers und den auf soliden rechtlichen und faktischen Argumenten gestützten Stellungnahmen des Gerichtshofes und des Bischofs an die Kongregation zu übersenden, die das Inkonsummationsverfahren zu Ende führen wird. Was die Stellungnahme angeht, so steht nichts entgegen, daß der Bischof die des Gerichtshofes übernimmt, indem er sie einfach unterfertigt; hiebei muß jedoch ein gerechter und entsprechend schwerer Grund für die Gewährung der Dispens vorhanden sein, und es darf für die Gläubigen kein Ärgernis zu befürchten sein.

Wenn nach dem Urteil des Gerichtshofes das angebotene Beweismaterial hinsichtlich des Nichtvollzuges im Sinne der Regulae servandae vom 7. Mai 1923 als nicht ausreichend befunden wird, dann sind die Beweise vom Vernehmungsrichter zu ergänzen, und die solcherart ergänzten Akte sind mit den Bemerkungen des Ehebandverteidigers und den Stellungnahmen des Gerichtshofes und des Bischofs an die Kongregation zu übersenden.

Handelt es sich um einen anderen Nichtigkeitsgrund (z. B. einen Konsensmangel, Furcht und Zwang usw.) und kann nach dem Urteil des Gerichtshofes die Nichtigkeit nicht erwiesen werden, ergibt sich jedoch nebenher ein gewichtiger Zweifel über den Ehevollzug, dann steht es jedem der Ehepartner frei, seine Bitte um Dispens von der nicht vollzogenen Ehe dem Papst vorzutragen. Dem Vernehmungsrichter steht in diesem Fall das Recht zu, das Beweisverfahren nach den in den Regulae servandae enthaltenen Bestimmungen aufzunehmen. Das gesamte Aktenmaterial ist wie oben, d. h. mit den Bemerkungen des Ehebandverteidigers und den Stellungnahmen des Gerichtshofes und des Bischofs, an die Kongregation zu übersenden.[9]

f) Der Bischof muß ein wachsames Auge darauf richten, daß nicht die Parteien bzw. die Zeugen oder Sachverständigen falsche Aussagen machen bzw. die Wahrheit verschweigen. Er und alle, die es angeht, müssen nämlich wissen, daß eine Dispens nur unter zwei Voraussetzungen gegeben werden kann: Daß die Ehe tatsächlich nicht vollzogen wurde und daß ein gerechter und entsprechend schwerer Grund für die Gewährung der Dispens vorhanden ist. Wenn das eine oder das andere fehlt, dann hat das Reskript, weil es unter Angabe falscher Tatsachen erwirkt wurde, für den Bittsteller keine Gültigkeit.[10] Da die päpstliche Dispens niemals in Rechtskraft erwächst, kann daher eine neue Ehe, die etwa nach erteilter Dispens eingegangen wurde, jederzeit für nichtig erklärt werden, wenn es sich herausstellen sollte, daß die erste Ehe tatsächlich vollzogen wurde.

---

[9] C. 1963 § 2; Sollicitudinem Nostram, c. 471 §§ 2 und 3; Sakramentenkongregation, Instruktion Provida Mater Ecclesia vom 15. August 1936, Art. 206: AAS 28, 1936, S. 553–554; Quo facilius, Art. 4.

[10] C. 40; Sakramentenkongregation, Dekret Catholica doctrina, 7. Mai 1923; AAS 15, 1923, S. 390.

II. Die Untersuchung des Falles und die Herstellung der Akten

Was die Untersuchung des Falles angeht, schien es zum Zwecke einer besseren und rascheren Wahrheitsfindung über die Tatsache des Nichtvollzuges und zur Wahrung der Heiligkeit und Unauflöslichkeit der Ehe geboten, die nachstehenden Änderungen in den einschlägigen Bestimmungen des CIC[11] und in den Regulae servandae der Sakramentenkongregation vorzunehmen:

a) Wenn das Bistum oder die Eparchie zu klein ist, und wenn vor allem keine geeigneten, im Kirchenrecht erfahrenen Priester vorhanden sind, so daß derartige Prozeßverfahren an der Kurie oder am Gerichtshof nicht ohne Schwierigkeit eingeleitet werden können, kann der Bischof nach reiflicher Überlegung die Zuständigkeit zur Einleitung eines Inkonsummationsverfahrens den Gerichtsbeamten des regionalen, provinzialen, interdiözesanen Gerichtshofes oder auch dem Gerichtshof der benachbarten Diözese oder Eparchie übertragen, die für die Durchführung solcher Verfahren, zumal der schwierigeren, die nötige Eignung aufweisen.

b) Im Inkonsummationsverfahren muß jeder der Ehegatten Zeugen beibringen, die über die Rechtschaffenheit der Ehegatten und vor allen Dingen über die Wahrscheinlichkeit des behaupteten Nichtvollzuges aussagen können; diesen Zeugen kann der Vernehmungsrichter von Amts wegen weitere Zeugen hinzufügen.[12] Es können schon wenige Zeugen genügen, sofern nur ihr übereinstimmendes Zeugnis einen entsprechenden Beweis und moralische Sicherheit zu erbringen vermag. Dies ist insbesondere dann gegeben, wenn über

---

[11] Cc. 1960–1992; Sollicitudinem Nostram, cc. 468–500.

[12] C. 1975; Sollicitudinem Nostram, c. 482.

jeden Zweifel erhabene Personen in ihren Aussagen fest übereinstimmen und unter Eid aussagen, wann, auf welche Weise und was sie von den Eheleuten selbst oder von den nächsten Verwandten über die Tatsache des Nichtvollzuges gehört haben.[13] Es ist nicht zu übersehen, daß in derartigen Fällen das moralische Argument von größter Wichtigkeit für die Erlangung von moralischer Sicherheit in bezug auf den Nichtvollzug ist.

c) Die körperliche Untersuchung der Ehegatten ist dann vorzunehmen, wenn sie sich für den juridischen Beweis des Nichtvollzuges als notwendig erweist. Wenn aber nach Maßgabe des Dekretes der Kongregation des Hl. Offiziums vom 12. Juni 1942 unter Bedachtnahme auf die außergewöhnlichen moralischen Eigenschaften von Parteien und Zeugen sowie unter gebührender Berücksichtigung ihrer geistigen Einstellung wie auch in Anbetracht der sonstigen Beweise und Argumente nach dem Urteil des Bischofs ein voller Beweis für den Nichtvollzug gegeben ist,[14] dann kann die körperliche Untersuchung unterbleiben. Es mögen aber alle Umstände vorsichtig abgewogen werden, bevor sie als überflüssig erklärt wird.[15] Wenn die Frau eine körperliche Untersuchung ablehnt, dann ist nach der in dem angezogenen Dekret enthaltenen Regel »von einer Untersuchung abzusehen«. Im übrigen können die Patriarchalsynoden und die Bischofskonferenzen in bezug auf diese körperliche Untersuchung beschließen.

Die Prozeßakten müssen schriftlich ausgearbeitet werden, und es sind unter Verwendung von Notaren[16]

---

[13] C. 1789; Sollicitudinem Nostram, c. 312.

[14] Kongregation des Hl. Offiziums, Dekret Qua singulari cura, 12. Juni 1942: AAS 34, 1942, S. 200.

[15] Regulae servandae, Art. 85–86; Quo facilius, Art. 16.

[16] Cc. 373 § 1, 1585, 1642; Cleri sancitati, c. 440 § 1; Sollicitudinem Nostram, cc. 56, 157.

noch andere Sicherheitsvorkehrungen zu treffen. Die Kurie bzw. der Gerichtshof kann jedoch (mit Zustimmung des Bischofs) in Nichtvollzugsfällen auch ein Tonband verwenden, wenn und insoweit es sich als nützliches und geeignetes Instrument zur genaueren und sicheren Herstellung der Gerichtsakten erweist. Die Gerichtsakten sind aber nur dann beweiskräftig, wenn sie, obschon nach einer Tonbandaufzeichnung geschrieben, den in der Rechtsordnung enthaltenen Vorschriften entsprechen.

e) Wegen der besonderen Natur eines Inkonsummationsverfahrens kann im Gegensatz zu den Nullitätsprozessen der Beistand von Anwälten und Prokuratoren nicht erbeten werden. Den Wünschen einiger Seelsorger entsprechend wird jedoch hiermit entschieden, daß sich die Parteien – entweder auf ihren Wunsch hin oder auf Betreiben des Bischofs von Amts wegen – der Hilfe vor allen Dingen kirchlicher Ratgeber und Sachverständiger bedienen können, und zwar sowohl bei der Abfassung des Dispensgesuches als auch bei der Darlegung des Sachverhaltes und bei der Vervollständigung des aufgenommenen Beweismaterials. Diese Maßnahmen dienen dem Ziel, die Tatsache des Nichtvollzuges sicherzustellen und dem Wohl der Seelen entgegenzukommen.[17] Die Ernennung der Ratgeber bzw. Sachverständigen, sei es, daß sie von Amts wegen oder auf Wunsch einer Partei bestellt werden, ist Sache des Bischofs, der in diesem Fall den Ehebandverteidiger zu hören und die Ratgeber bzw. Sachverständigen durch ein besonderes Dekret auf die Verpflichtung zur Geheimhaltung hinzuweisen hat, damit nicht etwa

[17] Pius XII., Ansprache an die Prälaten und übrigen Offizialen und Beamten der Sacra Romana Rota, 2. Oktober 1944: AAS 36, 1944, S. 281–290.

Nachrichten über den Prozeßverlauf an Außenstehende gelangen.[18]

f) Bei der Ausarbeitung seiner Stellungnahme zur Sachlage möge der Bischof die Natur und die Eigenschaften des Falles praktisch und konkret darlegen, d. h., er soll sowohl die besonderen Umstände der Personen und die Tatsache des Nichtvollzuges wie auch die Opportunität der Gewährung der Dispens im Auge haben.

In den Fällen eines Nullitätsprozesses, dessen Akten zur Durchführung eines Inkonsummationsverfahrens an die Kongregation übersandt wurden (vgl. I e), wie auch in jenen Inkonsummationsfällen, die mit Erweiterung der Zuständigkeit eingeleitet wurden (vgl. II a), möge der Erzbischof bzw. Metropolit des regionalen, provinziellen, interdiözesanen oder interrituellen Gerichtshofes bzw. der Bischof der benachbarten Diözese oder Eparchie vor Erstellung seines Gutachtens in geeigneter Weise mit dem zuständigen Bischof des Bittstellers, dem die Verhältnisse seines Bistums oder seiner Eparchie bekannt sind, Fühlung aufnehmen, zumindest in bezug auf die Frage, ob aus der Gewährung der päpstlichen Dispens ein Ärgernis zu befürchten sein wird. Wenn der Bischof meint, daß ein Ärgernis ohne hinreichenden Grund entstehen werde oder bereits entstanden sei, dann möge er dieses mit pastoraler Sorge und unter Anwendung geeigneter Mittel entweder zu verhindern oder doch zumindest einzuschränken trachten.

g) Alle Prozeßakten, sowohl in bezug auf die Darlegung des Falles wie auch in bezug auf den

[18] C. 1623 § 3; Regulae servandae, Art. 46 und 93; Provida Mater Ecclesia, Art. 130; Sollicitudinem Nostram, c. 138 § 3; Quo facilius, Art. 9.

Prozeßverlauf,[19] sowie auch die übrigen Dokumente können neben der lateinischen Sprache auch in einer der verbreiteten Umgangssprachen verfaßt sein. Die Übersetzung der Prozeßakten und der Dokumente aus weniger bekannten lebenden Sprachen in eine der gängigen Umgangssprachen wird erlaubt.

Alle Prozeßakten und Dokumente sind in dreifacher Ausfertigung, die auch fotomechanisch hergestellt sein kann, nach erfolgter Beglaubigung an die Kongregation zu senden.[20] Das eigentliche Manuskript soll im Archiv der Kurie bzw. des Gerichtshofes verbleiben und möge unter Anwendung geeigneter Vorsichtsmaßregeln nur dann übersandt werden, wenn es von der päpstlichen Behörde ausdrücklich angefordert wird.[21]

Nachdem es zur schnelleren und sorgfältigeren Abwicklung des Falles beiträgt, ist es wünschenswert, daß alle Exemplare der Prozeßakten und der Dokumente mit Maschine geschrieben und die einzelnen Blätter in Faszikel gebunden werden. Mit der Beglaubigung des Notars bzw. Aktuars versehen, der die Übereinstimmung mit dem Original bestätigt, sind die Prozeßakten somit vollständig und authentisch.[22]

III. Dem Dispensreskript etwa beigefügte Klauseln

Soweit nicht ausdrücklich verboten, wird mit der Gewährung der päpstlichen Dispens von der geschlossenen und nicht vollzogenen Ehe den Ehegatten die

---

[19] C. 1642; Sollicitudinem Nostram, c. 157.

[20] Regulae servandae, Art. 101 § 1; Quo facilius, Art. 28.

[21] Provida Mater Ecclesia, Art. 105 § 3.

[22] Cc. 1643 § 1, 1644 § 1; Regulae servandae, Art. 30; Sollicitudinem Nostram, cc. 158 § 1, 159 § 1; Quo facilius, Art. 23.

Was hier unter dem Buchstaben g vorgeschrieben wurde, gilt auch für jene Gerichte, die aufgrund von c. 1963 § 2 und nach Provida Mater Ecclesia, Art. 206, bzw. Quo facilius, Art. 4, die Inkonsummationsfälle, wie oben gesagt wurde, behandeln.

Möglichkeit eingeräumt, eine andere Ehe zu schließen. Das Verbot kann auf zweifache Weise zum Ausdruck kommen: Mit der Klausel »nach der Absicht« (ad mentem – in diesem Fall kann die Absicht so sein, daß es nicht opportun ist, sie genau festzulegen) und durch die Klausel »unter Verbot« (vetito).

a) Die Beifügung »nach der Absicht – ad mentem« ist eine Verbotsklausel, und sie wird dann beigesetzt, wenn der Nichtvollzug von Gründen geringerer Bedeutung abhängt; die Aufhebung des Verbotes obliegt dem Bischof in der Weise, daß er den seelsorgerlichen Notwendigkeiten in geeigneter Weise entgegenkommt. Der Bischof soll aber denjenigen Eheteil, der die Aufhebung der Klausel erbittet, zu einer neuen Eheschließung nicht eher zulassen, bevor er nicht unter Einhaltung der vorgeschriebenen Bestimmungen zur Übernahme der ehelichen Lasten wirklich geeignet erscheint und versprochen hat, in Hinkunft die Verpflichtungen des Ehestandes in ehrenhafter und christlicher Weise zu erfüllen.

b) In besonders gelagerten Fällen, wenn der Nichtvollzug größeren physischen oder psychischen Defekten zuzuschreiben ist, wird ein Verbot einer neuen Eheschließung beigesetzt. Dieses Verbot hat, sofern nicht etwas anderes ausdrücklich vorgesehen ist, reinen Verbotscharakter ohne Irritationswirkung. Seine Aufhebung ist jedoch dem Hl. Stuhl reserviert. Die Erlaubnis zur Eingehung einer neuen Eheschließung wird gewährt, wenn der Bittsteller nach Einbringung seines Gesuches und nach Erfüllung der vorgeschriebenen Bedingungen zur Leistung der ehelichen Akte wirklich geeignet erscheint.

Es wird dem Ermessen und den pastoralen Überlegungen des Bischofs anheimgestellt, ob er nach Aufhebung des Verbotes den Partner, mit dem eine neue Ehe geschlossen werden soll, darüber informieren will, daß dem Dispensreskript die eine oder andere Klausel beigefügt war.

Das in dieser Instruktion Enthaltene hat der Hl. Vater Paul VI. in einer dem unterfertigten Kardinalpräfekten gewährten Audienz vom 30. Dezember 1971 approbiert und gutgeheißen, den Auftrag zur Veröffentlichung erteilt und angeordnet, daß diese Instruktion von allen Bischöfen des lateinischen Ritus und der orientalischen Riten sowie von allen, die es angeht, genau beobachtet werde. Gegenteilige Bestimmungen, selbst wenn sie besonderer Erwähnung wert wären, sind außer Kraft gesetzt.

Gegeben zu Rom, im Gebäude der Sakramentenkongregation, am 7. März 1972.

A. Kard. Samoré, Präfekt
I. Casoria, Sekretär

(Österreichisches Archiv für Kirchenrecht 25, 1974, S. 93–98.)

E. Deutscher Text der Normen bei der Eheauflösung zugunsten des Glaubens (hgg. von der Glaubenskongregation am 6. Dezember 1973)

Wie bekannt ist, hat diese Kongregation die Frage der Ehelösung zugunsten des Glaubens längere Zeit hindurch behandelt und einem Studium unterzogen. Nunmehr hat der Hl. Vater Papst Paul VI. nach reiflicher Überlegung diese Normen approbiert, in denen die Voraussetzungen für die Ehelösung zugunsten des Glaubens enthalten sind, sei es, daß der bittstellende Teil sich taufen läßt und sich bekehrt oder nicht.

I. Damit eine Ehelösung gültigerweise gewährt werden kann, müssen die drei nachstehenden Voraussetzungen unabdingbar gegeben sein:

a) Das Fehlen der Taufe bei einem Eheteil während der ganzen Dauer des ehelichen Lebens;

b) Nichtvollzug der Ehe nach Empfang der Taufe seitens des ursprünglich nicht getauften Teiles;

c) die ungetaufte Person bzw. die außerhalb der katholischen Kirche getaufte Person muß dem katholischen Teil die Freiheit und Möglichkeit lassen, die eigene Religion zu bekennen sowie die Kinder katholisch zu taufen und zu erziehen. Diese Bedingung ist in Form einer Kaution sicherzustellen.

II. Es ist ferner erforderlich:

§ 1, daß aufgrund einer radikalen und unheilbaren Zerrüttung keine Möglichkeit zur Wiederherstellung des ehelichen Lebens besteht;

§ 2, daß die Gewährung der erbetenen Gunst keine Gefahr eines schweren Ärgernisses oder einer großen Verwunderung nach sich zieht;

§ 3, daß der bittstellende Teil nicht selbst schuld am Zerbrechen der Naturehe (matrimonium legitimum) war und der katholische Teil, mit dem die neue Ehe geschlossen bzw. konvalidiert werden soll, die Trennung der Ehegatten nicht durch eigene Schuld herbeigeführt hat;

§ 4, daß der Partner der früheren Ehe, soweit es möglich ist, interpelliert wird und sich nicht vernünftigerweise der Eheschließung entgegensetzt;

§ 5, daß der die Ehelösung nachsuchende Teil für die religiöse Erziehung der etwa aus der ersten Ehe stammenden Kinder Sorge trägt;

§ 6, daß billigerweise nach den Regeln der Gerechtigkeit für den verlassenen Eheteil und die Kinder gesorgt wird;

§ 7, daß der katholische Eheteil, mit dem die neue Ehe geschlossen werden soll, nach seinem Taufversprechen lebt und für die neue Familie Sorge trägt;

§ 8, daß, sofern die Eheschließung mit einem

Katechumenen erfolgt, moralische Sicherheit über den beabsichtigten Empfang der Taufe besteht, wenn nicht – was ratsam wäre – der Empfang der Taufe abgewartet werden kann.

III. Die Ehelösung wird leichter gewährt, wenn aufgrund eines anderen Tatbestandes ernstliche Zweifel an der Gültigkeit der Ehe bestehen.

IV. Es kann auch eine Ehe gelöst werden zwischen einem katholischen und einem nichtgetauften Teil, die mit Dispens vom Hindernis der Religionsverschiedenheit (disparitas cultus) geschlossen wurde. Dies unter der Voraussetzung, daß die in II und III festgesetzten Bedingungen erfüllt sind. Überdies muß feststehen, daß der katholische Teil aufgrund besonderer örtlicher Gegebenheiten, insbesondere wegen der geringen Anzahl von Katholiken an dem betreffenden Ort, keine andere Ehe schließen und in dieser Ehe kein der katholischen Religion gemäßes Leben führen konnte. Darüber hinaus ist es notwendig, daß diese Kongregation über die Öffentlichkeit der stattgefundenen Eheschließung informiert wird.

V. Die Lösung der Naturehe, die mit Dispens vom Hindernis der Religionsverschiedenheit geschlossen wurde, wird dem bittstellenden katholischen Ehepartner nicht gewährt zum Zweck der Eingehung einer neuen Ehe mit einem ungetauften Teil, der sich nicht taufen läßt.

VI. Es wird die Lösung einer Naturehe dann nicht gewährt, wenn diese Ehe ihrerseits geschlossen oder konvalidiert wurde nach erlangter Auflösung einer früheren Naturehe.

Damit diese Bedingungen richtig erfüllt werden, sind »Neue prozessuale Normen« erstellt worden, nach denen in allen künftigen Prozessen vorzugehen sein wird. Diese Normen sind der vorliegenden Instruktion beigegeben.

Mit der Festsetzung der vorliegenden Normen sind alle bisher über das prozessuale Vorgehen bestehenden Bestimmungen zur Gänze außer Kraft getreten.

Hieronymus Hamer, Sekretär

Franz Kard. Šeper, Präfekt

F. Verfahrensrechtliche Bestimmungen über die Vornahme eines Prozesses der Ehelösung zugunsten des Glaubens (deutscher Text)

Art. 1: Die Prozeßeinleitung zur Lösung einer Naturehe obliegt dem Ortsordinarius nach den Bestimmungen des Apostolischen Schreibens Causas matrimoniales IV § 1, und zwar entweder persönlich oder durch einen anderen von ihm delegierten Kleriker. Die Tatsache der erfolgten Delegation bzw. Beauftragung muß in den an den Hl. Stuhl zu übersendenden Akten vermerkt werden.

Art. 2: Tatsachen dürfen nicht bloß angeführt, sondern sie müssen auch nach den Bestimmungen des kanonischen Rechts entweder durch Dokumente oder durch Aussagen glaubwürdiger Zeugen bewiesen werden.

Art. 3: Die entweder im Original oder in beglaubigten Abschriften vorgelegten Dokumente müssen vom Ordinarius oder vom delegierten Richter eingesehen werden.

Art. 4 § 1: Bei der Ausarbeitung der den Parteien und den Zeugen vorzulegenden Fragen müssen die Dienste des Ehebandverteidigers oder eines anderen von Fall zu Fall Delegierten in Anspruch genommen werden; die Delegation ist in den Gerichtsakten festzuhalten.

§ 2: Die Zeugen müssen vor ihrer Einvernahme einen Eid über die Wahrheit ihrer Aussage ablegen.

§ 3: Der Ordinarius oder sein Delegat hat die

vorbereiteten Fragen vorzulegen; er kann noch andere hinzufügen, die ihm zur besseren Wahrheitsfindung geeignet erscheinen bzw. die sich von den bereits gegebenen Antworten her nahelegen.

Wenn die Parteien oder die Zeugen über fremde Tatsachen aussagen, muß der Richter auch über Ursache und Quelle dieses Wissens fragen.

§ 4: Der Richter hat unbedingt dafür Sorge zu tragen, daß die Fragen und die gegebenen Antworten vom Notar genauestens geschrieben und von den Zeugen unterfertigt werden.

Art. 5 § 1: Wenn ein akatholischer Zeuge sich nicht zur Vernehmung vor dem katholischen Priester einfinden will, kann seine vor einem öffentlichen Notar oder einer anderen glaubwürdigen Person abgelegte Zeugenaussage angenommen werden. Dies ist ausdrücklich in den Akten zu vermerken.

§ 2: Bei der Entscheidung über die Frage, ob diesem Dokument Glaube zu schenken sei oder nicht, hat der ordentliche Richter oder sein Delegat beeidete Zeugen zuzuziehen, vor allem katholische, die den akatholischen Zeugen gut kennen sowie über seine Glaubwürdigkeit aussagen können und wollen.

§ 3: Auch der Richter selbst hat seine Meinung über die Glaubwürdigkeit dieses Dokumentes auszusprechen.

Art. 6 § 1: Das Fehlen der Taufe bei einem der beiden Ehegatten muß in einer jeden vernünftigen Zweifel ausschließenden Weise feststehen.

§ 2: Der Ehegatte selbst, der sich als nicht getauft bezeichnet, ist nach Möglichkeit unter Eid zu befragen.

§ 3: Desgleichen sind Zeugen, vor allem die Eltern und Verwandten des Ehegatten sowie andere Personen zu befragen, die zur Zeit der Kindheit mit dem Ehegatten zusammenlebten und über seinen Lebenslauf Bescheid wissen.

§ 4: Die Zeugen sind nicht ausschließlich über das Fehlen der Taufe zu befragen, sondern auch über die Umstände, aufgrund deren es glaubwürdig und wahrscheinlich ist, daß die Taufe niemals gespendet wurde.

§ 5: Es ist dafür Sorge zu tragen, daß auch die Taufbücher in jenen Orten eingesehen werden, in denen der Eheteil, von dem behauptet wird, er sei nicht getauft, im Kindesalter gelebt hat. Insbesondere gilt dies für jene Kirche, die er öfter zum Zwecke der religiösen Unterweisung aufgesucht hat oder in der er die Ehe geschlossen hat.

Art. 7 § 1: Wenn die Ehelösung zu einem Zeitpunkt nachgesucht wird, in dem der nichtgetaufte Eheteil schon zur Taufe zugelassen wurde, ist ein wenigstens summarischer Prozeß unter Beiziehung des Ehebandverteidigers um den Nachweis des Nichtgebrauchs der Ehe nach Empfang der Taufe zu führen.

§ 2: Der Ehegatte selbst ist unter Eid zu befragen, ob er nach der Trennung irgendwelche Beziehungen mit seinem Ehepartner unterhalten hat und insbesondere, ob er ehelichen Umgang mit ihm gepflogen hat.

§ 3: Auch der andere Eheteil ist nach Möglichkeit über die Tatsache des Nichtgebrauchs der Ehe unter Eid zu befragen.

§ 4: Darüber hinaus sind Zeugen, insbesondere Verwandte und Freunde, vorzuladen und ebenfalls unter Eid einzuvernehmen, wobei sich die Befragung nicht nur auf dasjenige bezieht, was sich nach der Trennung der Ehegatten und speziell nach Empfang der Taufe ereignet hat, sondern auch auf die Rechtschaffenheit und Wahrhaftigkeit der Personen, d. h. auf die Glaubwürdigkeit, die ihre Aussagen verdienen.

Art. 8: Wenn der Bittsteller konvertierte und getauft wurde, ist er über den Zeitpunkt und die Absicht zu befragen, die ihn zum Empfang der Taufe oder zur Konversion veranlaßt haben.

Art. 9 § 1: In jedem Fall hat der Richter den Pfarrer und andere Priester, die den Bittsteller in der Glaubenslehre unterrichtet und zur Konversion vorbereitet haben, über die Beweggründe zu befragen, von denen der Bittsteller beim Empfang der Taufe geleitet war.

§ 2: Der Ordinarius möge das Gesuch nicht an die Kongregation weiterleiten, bevor nicht jeder Verdacht in bezug auf die Aufrichtigkeit der Konversion beseitigt ist.

Art. 10 § 1: Der ordentliche oder delegierte Richter möge den Bittsteller und die Zeugen über die Gründe der Ehetrennung oder -scheidung befragen, ob sie nämlich vom Bittsteller verursacht wurden oder nicht.

§ 2: Der Richter möge den Akten ein authentisches Exemplar des Scheidungsurteils beilegen.

Art. 11: Der Richter oder der Ordinarius möge berichten, ob der Bittsteller Kinder aus einer Ehe oder aus einem Konkubinat hat und wie er für deren religiöse Erziehung vorgesorgt hat oder vorzusorgen beabsichtigt.

Art. 12: Desgleichen mögen der Richter oder der Ordinarius darüber berichten, wie der Bittsteller für seinen verlassenen Eheteil und für etwa vorhandene Kinder billigerweise nach den Gesetzen der Gerechtigkeit Vorsorge getroffen hat oder treffen wird.

Art. 13: Der Ordinarius oder der delegierte Richter mögen Informationen über den akatholischen Eheteil einholen, aus denen hervorgeht, ob auf eine Wiederherstellung der ehelichen Lebensgemeinschaft zu hoffen ist; er möge nicht vergessen, zu berichten, ob der akatholische Eheteil nach der Ehescheidung eine neue Ehe attentiert hat.

Art. 14: Der Ordinarius möge ausdrücklich berichten, ob aus der Gewährung des Ansuchens bei Katholiken sowohl als bei Nichtkatholiken irgendeine Gefahr des Ärgernisses, der Verwunderung oder einer verleumderischen Interpretation zu befürchten ist, gleichsam als ob die Kirche durch ihre Praxis der Ehescheidung Vorschub leiste. Es sind auch die Umstände anzuführen, die im Einzelfall die genannte Gefahr als wahrscheinlich erscheinen lassen bzw. sie ausschließen.

Art. 15: Die für die Gewährung des Ansuchens sprechenden Gründe möge der Ordinarius in den einzelnen Fällen angeben, wobei zugleich anzuführen ist, ob der Bittsteller eine neue Eheschließung in irgendeiner Weise attentiert hat oder ob er im Konkubinat lebt. Derselbe Ordinarius hat auch über die Erfüllung der für die Gewährung des Ansuchens angeführten Bedingungen genauestens zu berichten, und wenn die in lit. c angeführten Kautionen gegeben wurden, möge er ein authentisches Exemplar derselben übersenden.

Art. 16: Der Ordinarius ist dafür verantwortlich, daß alle an die Kongregation für die Glaubenslehre zu übersendenden Akten und Informationen in dreifacher Ausfertigung vorliegen.

(Österreichisches Archiv für Kirchenrecht 26, 1975, S. 177–180.)

Literaturauswahl

I. KIRCHLICHE DOKUMENTE

Codex iuris canonici (aus dem Jahr 1917 in lateinischer Sprache).

H. Jone, Gesetzbuch des kanonischen Rechtes. Erklärung der Kanones (in deutscher Sprache), Bde. 1–3, Paderborn 1939–1940.

U. Navarrete, Schema iuris recogniti »De matrimonio«. Textus et observationes, in: Periodica 63, 1974, S. 611–658 (erster Entwurf zum neuen Kodex mit Kommentar).

Schemata canonum novi codicis iuris canonici. De matrimonio. Alter textus, in: Communicationes 9, 1977, S. 117–146; 345–378; 10, 1978, S. 86–127 (zweiter Entwurf zum neuen Kodex).

Schema codicis iuris canonici. Libreria Editrice Vaticana 1980. (Dieser Entwurf berücksichtig die Einwände der Kardinäle, der Bischofskonferenzen, der römischen Kurialbehörden, der Universitäten und Ordensoberen. Wir beziehen uns bei der Zitation des neuen Kodex [Schema c. . . .] auf diesen Entwurf.)

A. M. Königer, Die Eheprozeßordnung für die Diözesangerichte, in: Kanonistische Studien und Texte, Bd. 11, Bonn 1937. Nachdruck Amsterdam 1964.

Papst Paul VI., Motu proprio »Causas matrimoniales« vom 28. März 1971, in: AAS 63, 1971, S. 441–446. Vgl. den deutschen Text im Anhang S. 173ff.

Dekret »Catholica doctrina« und Regeln für den

Inkonsumationsprozeß. Hgg. von der Sakramentenkongregation am 7. Mai 1923, in: AAS 15, 1923, S. 380–413.

Instruktion bezüglich einiger Änderungen im Verfahren der geschlossenen und nicht vollzogenen Ehen. Hgg. von der Sakramentenkongregation am 7. März 1972, in: AAS 64, 1972, S. 244–252. Vgl. den deutschen Text im Anhang S. 180ff.

Instruktion über die Ehelösung zugunsten des Glaubens. Hgg. von der Glaubenskongregation am 6. Dezember 1973, in: Österreichisches Archiv für Kirchenrecht 26, 1975, S. 177–180. Vgl. oben im Anhang S. 192ff.

II. LEHRBÜCHER DES KIRCHENRECHTS

E. Eichmann – K. Mörsdorf, Lehrbuch des Kirchenrechts aufgrund des Codex Iuris Canonici, München–Paderborn–Wien, 11. Auflage 1979.

F. X. Wernz – P. Vidal, Ius Canonicum, Vol. V., Ius matrimoniale, ed. altera Romae 1928.

F. M. Cappello, Tractatus canonico-moralis. De Sacramentis, Vol. V. De Matrimonio, ed. 7, Marietti 1961.

P. Gasparri, Tractatus canonicus de matrimonio, Vol. I und II, Typis Polyglottis Vaticanis 1932.

U. Mosiek, Kirchliches Eherecht. Nachkonziliare Rechtslage und konzipierte Neufassung. 3. Auflage, Freiburg/Br. 1976. Die 4. Auflage, die im Jahre 1979 nach dem Tod des Verfassers erschien, bringt keine Veränderungen. Es wird lediglich der *erste* Entwurf zum neuen Kodex berücksichtigt. In beiden Auflagen findet sich eine reichhaltige Bibliographie.

J. Listl – H. Müller – H. Schmitz, Grundriß des nachkonziliaren Kirchenrechts, Regensburg 1980. In diesem *GrNKirchR* wird sowohl der *erste wie der zweite* Entwurf zum neuen Kodex behandelt. Die wichtigsten Beiträge sind im Literaturverzeichnis angegeben.

III. LITERATURVERZEICHNIS

W. Aymans, Die Sakramentalität christlicher Ehe in ekklesiologisch-kanonistischer Sicht, in: Trierer Theologische Zeitschrift 38, 1974, S. 321–338.

A. Arena, L'impedimento di »publica honestas«, in: Apollinaris 46, 1973, S. 85–96.

W. Bertrams, De unitate baptizatorum matrimonii cum sacramento, in: Periodica 67, 1978, S. 261–267.

B. Bruns, Die Vertragslehre im Eherecht des gegenwärtigen und künftigen CIC und ihre grundsätzliche Problematik, in: Österreichisches Archiv für Kirchenrecht 29, 1978, S. 4–25.

B. Bruns, Erfüllungsunvermögen: Ehe- oder Konsenshindernis?, in: Österreichisches Archiv für Kirchenrecht 31, 1980, S. 6–25.

E. Corecco, Die Lehre der Untrennbarkeit des Ehevertrages vom Sakrament im Lichte des Scholastischen Prinzips »Grazia perficit, non destruit naturam«, in: Archiv für Katholisches Kirchenrecht 143, 1974, S. 397–442.

E. Corecco, Der Priester des Ehesakramentes im Lichte der Lehre über die Untrennbarkeit von Ehevertrag und Ehesakrament, in: Ius Sacrum, Festgabe für K. Mörsdorf, Paderborn 1969, S. 521–538.

A. Di Felice, Il consenso matrimoniale nella recente giurisprudenza rotale e nello schema proposto dalla Commissione Pontificia per la revisione del Codice di diritto canonico, in: Monitor Ecclesiasticus 105, 1980, S. 64–84.

A. Dordett, Error qualitatis in personam redundans, in: Österreichisches Archiv für Kirchenrecht 30, 1979, S. 590–600.

A. Dordett, Impotenz als Ehehindernis. Nach der Rechtsprechung der Sacra Romana Rota, Wien 1980.

A. Dordett, Eheschließung und Geisteskrankheit. Eine Darstellung nach der Rechtsprechung der Sacra Romana Rota, Wien 1977.

H. N. Fäßler, Die Schizophrenie als Ehenichtigkeitsgrund im kanonischen Recht. Freiburg/Schweiz 1951.

H. Flatten, Nichtigerklärung, Auflösung und Trennung der Ehe, in: GrNKirchR, S. 603–613.

H. Flatten, Das Eheverfahren, in: GrNKirchR, S. 803–815.

H. Flatten, Irrtum und Täuschung bei der Eheschließung nach kanonischem Recht, Paderborn 1957.

H. Flatten, Zur Reform des kirchlichen Eheprozesses. Das Motu proprio Papst Pauls VI. »Causas matrimoniales« vom 28. März 1971, in: Festschrift für Kardinal Höffner, Köln 1971, Sonderdruck S. 1–22.

Z. Grocholewski, De exclusione indissolubilitatis ex consensu matrimoniali eiusque probatione, Neapel 1973.

I. Gordon, De processu super rato. Ed. 3a, Rom 1974.

O. Heggelbacher, Kirchenrecht und Psychiatrie, Freiburg/Schweiz 1975.

A. Hopfenbeck, Privilegium Petrinum. Eine rechtssprachliche und rechtsbegriffliche Untersuchung (Münchener Theologische Studien), St. Ottilien 1976.

A. Hopfenbeck, Das Verfahren zur Auflösung einer nicht-sakramentalen Ehe zugunsten des Glaubens nach der Neuregelung durch die Glaubenskongregation vom 6. Dez. 1973, in: Archiv für Katholisches Kirchenrecht 147, 1978, S. 99–123.

L. Köster, Psychische Eheunfähigkeit als Nichtigkeitsgrund, in: Diakonia et Ius, München 1973, S. 79–104.

Ch. Lefebvre, La jurisprudence rotale et incapacité d'assumer les obligations coniugales, in: Revue de droit canonique 24, 1974, S. 376–386.

K. Lüdicke, Psychisch bedingte Eheunfähigkeit. Europäische Hochschulschriften, Reihe XXIII. Theologie, Bd. 105, Frankfurt a. M. 1978.

G. May, Grundfragen kirchlicher Gerichtsbarkeit, in: GrNKirchR, S. 778–784.

U. Navarrete, Matrimonio cristiano e sacramento, in: AA. VV., Amore e stabilità nel matrimonio, Rom 1976, S. 53–75.

U. Navarrete, De notione et effectibus consummationis matrimonii, in: Periodica 59, 1970, S. 619 bis 660.

U. Navarrete, De iure ad vitae communionem: observationes ad novum Schema canonis 1086 § 2, in: Periodica 66, 1977, S. 249–270.

B. Primetshofer, Die Eheschließung, in: GrNKirchR, S. 574–587.

B. Primetshofer, Der Ehekonsens, in: GrNKirchR, S. 563–587.

I. Parisella, De pervicaci seu radicato errore circa matrimonii indissolubilitatem. Iurisprudentia rotalis recentior, in: Ius Populi Dei. Festgabe für R. Bidagor, III, Rom 1972, S. 511–540.

E. G. Rokahr, Ehe ohne Treue? Die eheliche Treupflicht in der Rechtsprechung der Römischen Rota, München 1976.

N. Ruf, Furcht und Zwang im kanonischen Eheprozeß, Freiburg/Br. 1963.

A. Scheuermann, Die irrtümliche Eheauffassung, in: Österreichisches Archiv für Kirchenrecht 17, 1966, S. 168–186.

H. Schmitz, Perspektiven des revidierten CIC, in: GrNKirchR, S. 30–39.

J. Steindl, Neuregelung der Eheauflösung »in favorem fidei«, in: Österreichisches Archiv für Kirchenrecht 26, 1975, S. 345–351.

R. A. Strigl, Leitlinien für die kirchliche Rechtsprechung in »Furcht-und-Zwang«-Prozessen, in: Archiv für Katholisches Kirchenrecht 136, 1967, S. 67–92.

E. Saurwein, Der Ursprung des Rechtsinstitutes der päpstlichen Dispens von der nicht vollzogenen Ehe. Analecta Gregoriana, Vol. 215. Rom 1980.

J. Tomko, De dissolutione matrimonii in favorem fidei. Rom 1977.

M. Wegan, L'incapacité d'assumer les obligations du mariage dans la jurisprudence récente du tribunal de la Rote, in: Revue de droit canonique 28, 1978, S. 134–157.

M. Wegan, La distinction »ius et usus iuris« dans la jurisprudence récente du Tribunal de la Rota, in: Revue de droit canonique 29, 1979, S. 92–113.

R. Weigand, Die Potestativbedingung in der Rechtsprechung der S. R. Rota, in: Ecclesia et Ius. Festgabe für A. Scheuermann, Paderborn 1968, S. 467 bis 490.

J. Wenner, Päpstliche Eheauflösung zugunsten des Glaubens, in: Theologie und Glaube 44, 1954, S. 545–557.

P. Wirth, Gerichtsverfassung und Gerichtsordnung, in: GrNKirchR., S. 784–793.

P. Wirth, Das Streitverfahren, in: GrNKirchR., S. 794–803.

P. Wirth, Die bisherige Rechtsprechung der römischen Rota zur Frage der psychischen Eheunfähigkeit, in: Archiv für Katholisches Kirchenrecht 147, 1978, S. 71–98.

H. Zapp, Eheversprechen, Vorbereitung der Eheschließung, Trauungsverbote, in: GrNKirchR., S. 549–556.

H. Zapp, Die rechtliche Ehefähigkeit und die Ehehindernisse, in: GrNKirchR., S. 574–587.

H. Zapp, Incapacitas im Sinn von Erfüllungsunvermögen des Ehevertrages – ein neuer Ehenichtigkeitsgrund? in: Archiv für Katholisches Kirchenrecht 141, 1972, S. 449–482.

R. Zerra, De ignorantia in re matrimoniali, Rom 1978.

IV. DIE URTEILE DER SACRA ROMANA ROTA

Decisiones seu Sententiae, cura Apostolici Tribunalis Sacrae Romanae Rotae editae, Typis Polyglottis Vaticanis (vom Jahre 1909 fortlaufend. Die Veröffentlichung liegt zehn Jahre zurück. Die Urteile sind in lateinischer Sprache verfaßt ohne Namensnennung der Parteien).

C. Holböck, Tractatus de Jurisprudentia S. R. Rotae juxta decisiones quas hoc sacrum Tribunal edidit ab anno 1909 usque ad annum 1946 et publicavit in vol. I-XXXVIII. Graz 1957.

Die neueren Rota-Urteile werden laufend in den kirchenrechtlichen Zeitschriften veröffentlicht und kommentiert:

Monitor Ecclesiasticus. Rom.
Il Diritto Ecclesiastico. Rom.
Ephemerides iuris canonici. Rom.
Periodica de re morali, canonica, liturgica. Rom.
Ius Canonicum. Pamplona.
Revista Española de Derecho Canonico. Madrid.
Studia Canonica. Revue Canadienne de Droti Canonique. A Canadian Canon Law Review. Ottawa.

Revue de Droit Canonique. Straßburg.

The Jurist. A Quarterly Review. Washington.

Apollinaris. Commentarius iuris canonici. Rom.

L'Année Canonique. Recueil d'études et d'informations. Paris.

Österreichisches Archiv für Kirchenrecht. Wien.

Archiv für Katholisches Kirchenrecht. Mainz.

Sämtliche seit dem II. Vatikanischen Konzil vom Hl. Stuhl herausgegebenen Dokumente, die das kirchliche Ehe- und Eheprozeßrecht sowie das päpstliche Dispenswesen betreffen, sind in den beiden bis jetzt erschienenen Bänden veröffentlicht:

Documenta recentiora circa rem matrimonialem et processualem cum notis bibliographicis et indicibus. Collegerunt I. Gordon – Z. Grocholewski, Vol. I. Rom 1977; Z. Grocholewski, Vol. II. Rom 1980.

Die beiden Bände zeichnen sich durch die Vollständigkeit der Sammlung, des sachkundigen Kommentars und einer beinahe erschöpfenden Bibliographie (vgl. Vol. II, S. 281–307) aus. Soweit es zum Verständnis der neueren Dokumente erforderlich ist oder die Auffindung älterer Dokumente auf Schwierigkeiten stößt, werden auch vorkonziliare Dokumente (z. B. die Normen der S. R. Rota aus dem Jahre 1934) und Ausschnitte aus Konzilsdokumenten (wie »Gaudium et spes«) wiedergegeben.

Wohin wendet man sich?

Wer seine Ehe vor einem kirchlichen Ehegericht für nichtig erklären lassen möchte, wende sich an seinen Pfarrer oder gleich an das zuständige Diözesangericht.

Im folgenden werden die Adressen der Diözesangerichte (Offizialate) der deutschsprachigen Diözesen angeführt.

Bundesrepublik Deutschland

Bistum *Aachen:* Klosterplatz 2, 5100 Aachen
Bistum *Augsburg:* Fronhof 4, 8900 Augsburg
Erzbistum *Bamberg:* Domstraße 5, 8600 Bamberg
Bistum *Berlin:* Wundtstraße 48/50, 1000 Berlin 19
Bistum *Eichstätt:* Leonrodplatz 4, 8078 Eichstätt
Bistum *Essen:* Zwölfling 14, 4300 Essen
Erzbistum *Freiburg:* Herrenstraße 35, 7800 Freiburg i. Br.
Bistum *Fulda:* Paulustor 5, 6400 Fulda
Bistum *Hildesheim:* Domhof 18–21, 3200 Hildesheim
Erzbistum *Köln:* Kardinal-Frings-Straße 12, 5000 Köln 1
Bistum *Limburg:* Roßmarkt 8, 6250 Limburg
Bistum *Mainz:* Bischofsplatz 2, 6500 Mainz
Erzbistum *München und Freising:* Rochusstraße 5, 8000 München 33
Bistum *Münster:* Horsteberg 7–11, 4400 Münster
Bistum *Osnabrück:* Große Domfreiheit 10 A, 4500 Osnabrück

Erzbistum *Paderborn:* Domplatz 3, 4790 Paderborn
Bistum *Passau:* Residenzplatz 8, 8390 Passau
Bistum *Regensburg:* Niedermünstergasse 1, 8400 Regensburg 11
Bistum *Rottenburg-Stuttgart:* Eugen-Bolz-Platz 1, 7407 Rottenburg am Neckar 1
Bistum *Speyer:* Kleine Pfaffengasse 16, 6720 Speyer
Bistum *Trier:* Hinter dem Dom 6, 5500 Trier
Bistum *Würzburg:* Domerschulstraße 2, 8700 Würzburg 11

Berliner Bischofskonferenz
(Deutsche Demokratische Republik)

Bistum *Berlin:* Michaelkirchplatz 3, 102 (Ost-)Berlin
Bistum *Dresden-Meißen:* Dresdener Straße 66, 8057 Dresden
Ap. Adm. *Erfurt-Meiningen:* Herrmannsplatz 9, 501 Erfurt
Ap. Adm. *Görlitz:* C.-v.-Ossietzky-Straße 41, 89 Görlitz
Ap. Adm. *Magdeburg:* Max-Josef-Metzger-Straße 1, 301 Magdeburg
Ap. Adm. *Schwerin:* Lankower Straße 14, 27 Schwerin

Österreich

Bistum *Eisenstadt:* Rochusstraße 21, 7000 Eisenstadt
Bistum *Feldkirch:* Bahnhofstraße 13, 6800 Feldkirch
Bistum *Graz-Seckau:* Bischofplatz 4, 8010 Graz
Bistum *Gurk-Klagenfurt:* Mariannengasse 2, 9010 Klagenfurt
Bistum *Innsbruck:* Pfarrplatz 5, 6020 Innsbruck
Bistum *Linz:* Herrenstraße 19, 4010 Linz

Erzbistum *Salzburg:* Kapitelplatz 2, 5020 Salzburg
Bistum *St. Pölten:* Domplatz 1, 3100 St. Pölten
Erzbistum *Wien:* Wollzeile 2, 1010 Wien

Schweiz

Bistum *Basel:* Baselstraße 61, 4500 Solothurn
Bistum *Chur:* Hof 19, 7000 Chur; Vizeoffizialat für den Kanton Zürich: Weinbergstraße 36, 8006 Zürich
Bistum *Lausanne-Genf-Fribourg:* 86, rue de Lausanne, 1700 Fribourg
Bistum *Lugano:* Borghetto 6, 6901 Lugano
Bistum *St. Gallen:* Klosterhof 6b, 9000 St. Gallen
Bistum *Sitten:* avenue de la Tour 12, 1950 Sion 2

Südtirol

Bistum *Bozen-Brixen:* Marconistraße 9, 39100 Bozen

Abkürzungen

AAS	Acta Apostolicae Sedis
c.	Canon
cc.	Canones
CIC	Codex Iuris Canonici
Gen	Genesis
GrNKirchR	Grundriß des nachkonziliaren Kirchenrechts
1 Kor	1. Korintherbrief
Lk	Lukasevangelium
Mk	Markusevangelium
Mt	Matthäusevangelium
Röm	Römerbrief
Sth	Summa theologiae des Thomas von Aquin
S. R. Rota	Sacra Romana Rota